哇！小學生就懂理財超棒der

8 個家庭金錢觀，改變孩子的一生

李恩珠 Lee Eun Joo 、權俊 Kwon Joon 著
郭宸瑋 譯

目錄

第二章 獨特的家庭金錢觀，養出小小理財創業家！

第四章 父母是孩子的夢想經紀人

第五章 比起成績，創意才能讓孩子成為富人

序幕

成為懂理財的小學生之路

在競爭熾烈的生活中，開始孩子的經濟教育

我們是一個來自韓國濟州的家庭。我先生在一歲時舉家搬到韓國濟洲島，而我和我的孩子們則是在濟州島上出生成長。

在這片土地上，我們除了飼養馬匹，還有經營十四年之久的休閒主題公園——**城邑樂園**。園內有許多刺激有趣的娛樂設施，如騎馬場、卡丁車體驗場、ATV越

野型機車場、咖啡館等等。

我曾經看過關於紐西蘭歷年最年輕總理潔辛達・阿爾登（Jacinda Ardern）的新聞，**報導說她在自己的辦公室放置嬰兒睡籃**，同樣身為母親的我，也是在小俊（權俊的小名）非常年幼時，帶著他一起去我的工作場所「城邑樂園」。

剛開始我在城邑樂園工作時，小俊才剛出生約百日左右。那時的我，一邊坐在營業處的收銀機前工作、一邊餵孩子。在閃爍著粉紅色燈光的建築物裡，從騎馬場開始到處掛著形形色色的人偶面具和角色扮演服裝。來到樂園的遊客配合我們舉辦的**體驗活動**，換上特殊服裝暢遊遊樂設施——騎馬、卡丁車、越野機車等，那些在草原上奔馳，幸福的歡聲笑語蔓延至樂園的每一處。

這裡的工作相當繁重，還是非常仰賴雙手的工作。要負責的項目非常多，如管理馬群清理馬糞、檢查遊樂設施、粉刷油漆等大大小小的工程，還要依序排好卡丁車、巡視越野賽車的賽道並整備，也必須販售紀念品與咖啡。

此外，**樂園事業就像是一個綜合驚喜包。只要一有好事發生，壞事就會接踵而來；**每次只要生意稍微好一些，沒多久就會迎來淡季。經營十四年的觀光產業，以三到五年為一個週期，定期爆發某些事件影響生意。

因此，我天天嘗試新的事物並下定決心，若無法每天提高一點樂園的營業額，我絕對不會關門休息，抱著這樣的心情日復一日焦急的開始一天工作。**為了在如同戰場般的世界中，面臨任何大風大浪都能站穩腳跟，我每天都在嘗試新的挑戰，現在也依然如此，認真過著每一天**。當時，小俊也總是牽著我的手，在工作現場一起行動。

事實上，小俊沒有像普通小孩一樣上補習班。其他同年齡的小孩整天都在補習班，因此這個年紀的小孩出現在父母的工作場所，理所當然引人側目（當時還發生一個悲傷又好笑的故事）。不過，我相信父母的工作與多元化的經濟活動能帶給小孩正面的影響，也成為生活教育的一部分。

小俊沒有去補習班，而是來回穿梭於父母的工作環境，自然觀察體悟到父母為了賺錢多麼努力工作，必須提出各種創意點子並身體力行，以及實行之後會以什麼樣的面貌呈現出效果。**小孩很早就在雙親努力奮鬥的工作環境中，學習到何謂經濟活動**。

國際知名媒體主動聯繫

身為我們夫妻的大兒子，也是七歲妹妹的哥哥，**小俊今年即將成為國中生。現在，為了讓孩子親身投入經濟活動，他必須自己賺取零用錢，我們不會額外給零用錢。**

在我們的主題樂園中，**小俊有一個自己專屬的迷你玩具車攤位，他還設置飲料自動販賣機幫自己賺零用錢，也在咖啡廳「粉紅粉紅」販售果汁及咖啡。**空閒時也**會以「打工」的名義做家事賺錢。**從去年開始，他還在**NAVER SMART STORE**[1]**網路商城中，設立自己的線上購物商城銷售濟州島特產**，例如黑豬肉、凸頂柑、紅蔘等等。他經營的種類繁多且規模龐大，但投資規模與銷售額不會超出一個小孩所能負擔的範圍，加上這是孩子主動提起的計畫，他也能夠為此負起責任，我只是在一旁協助而已。

小俊從小就接觸和從事各種經濟活動，他**第一次投資股票的動機，也是看到新**

冠肺炎爆發讓股市暴跌的新聞。由於**投資績效頗為亮眼**，**我們以此為主題**，**透過小俊的個人理財 YouTube 頻道「小俊人」分享成果**，觀眾對影片的回響在社群網路上開始發酵，「小俊人」頻道的短影片迅速流傳開來，四面八方投來熱烈關注，這是小俊個人頻道六年來，第一次這麼備受關注。

影片的觀看次數短時間內持續飆高，這時韓國國內的經濟新聞媒體，提出訪問邀約，那是二〇二一年一月分的事。當月其他經濟雜誌的訪談邀請陸續湧入，到了次月無線電視主流新聞臺也開始介紹，沒多久英國的路透通訊社主動與我們聯繫。

戰勝經濟蕭條的Z世代投資者

路透通訊社在二〇二一年二月九日的報導中，介紹小俊的開場白是「一群新手投資者在疫情大爆發中，以韓國個人投資戶之姿嶄露頭角」並在報導中引用小俊的話：「**比起進入一間好的大學，我更想要做成功的投資者，然後多多參與各種慈善事業。**」

小孩子在投資股票中獲得成果，並將投資過程的內容拍成 YouTube 影片，其實並不常見。雖然國外也有類似的案例，但小俊是所有 YouTuber 中最年幼的。除此之外，小俊的經濟活動不僅是股票投資，**多元化的理財投資才是受世人注目的真正原因**。

當時我們並不知道接受路透社的採訪，是這麼了不起的事情。人們總愛追求新鮮的事物，我們以為小俊的故事大概也是如此，被新聞媒體當成一次性的話題消費，頂多引起短暫的討論熱度而已。

然而，傳播觸角遍及全世界二百五十個國家的路透社，其影響力是非常驚人的。當時，路透社的記者對天真懵懂的小俊說：「我們採訪過的韓國知名人物，只有總統和 BTS 而已。」聽完，小俊對於這個待遇感到無比光榮與感謝。國內各家優秀的報章雜誌也爭先恐後介紹孩子的故事，以「JIBS 濟州放送新聞」為首，「TV 朝鮮 9 點新聞」和「SBS 8 點新聞」，還有「阿里郎 TV」、「MBN 綜合新聞」等多個電視臺，以及 YouTube 頻道都能看見關於小俊的介紹。不僅是電視節目的錄影邀約，甚至還有廣告代言的提案，後來連出版界也破天荒的對我們提出寫書邀約。

接著，在二〇二一年三月十九日，路透社製作「**因線上股票投資而大放異彩，戰勝疫情所帶來經濟蕭條的Z世代投資者之一**」主題，並且在其中再次介紹小俊。到了次月的四月二十三日，小俊又拍攝英國BBC電視臺廣播紀錄片的採訪影片。

這段期間小俊也數次強調，自己不是什麼經濟學家，更不是股票專家，身為母親的我也是如此。小俊小小年紀便開始投資股票，獲得比其他人更顯著的成果，因此引起熱烈的話題與回響，但如果大家把他想成是投資理財高手的話，那真是個天大的誤會。

小俊最讓我感到自豪的一點，就是**他並非某一天貿然開始投資股票，而是他從五歲開始就不斷嘗試開創自己的小小事業，一點一滴認真賺取零用錢累積經驗**，股票也只是眾多投資嘗試中的一部分而已。

從小開始接觸各種經濟活動

一開始，大家討論小俊的股票投資績效，都圍繞在「一個小孩子是怎麼開始進行股票投資的呢？」、「這個小孩子在小時候，接受過哪些理財方面的金錢教育呢？」這類話題上。

有些人會將小俊過譽為「經濟英才」。如果這件事沒有讓小俊感到壓力的話，確實是個讓人感到開心的稱讚，但我認為**小俊並非是天生的經濟英才，他只是一位「年幼的經濟活動經驗者」**。

我深深相信，培養自己對經濟的興趣與習慣，在法定成年的年紀時，能實現經濟獨立，是孩子將來發展自身夢想的重要基礎。在小俊五歲時，我開始讓他體驗日常生活中各式各樣的經濟活動，同時引導孩子參與理財。

對孩子而言最棒的金錢教養環境，是父母從事各種經濟活動的實際環境，這些生活理財才是孩子真正需要學習的財商知識，不是學校或教科書中教的東西。本書中，我會分享自己是如何將一個平凡又淘氣的孩子，培養為一個備受世界關注的「初級股票投資人」和「理財 YouTuber 小俊人」，以及父母如何將正確的金錢觀念，融入小孩的理財教育中。

此外，我決定寫書的另一個原因，就是在小俊變得出名後，有不少親朋好友私底下聯絡我，雖然大部分都是一些祝賀恭喜的話，但當中也有人表示早知道小俊是這樣的話，就應該讓自家的小朋友跟小俊好好來往，如此一來就可以跟著小俊學習理財觀念和投資習慣；也有些人擔心小孩子這樣會不會太現實勢利、把他們教得太愛錢了？

因為一些擔憂的聲音，成為我決定撰寫本書的理由之一。小俊現在是一個快樂的十四歲小孩，只要親眼見過他本人，就知道這孩子的生活非常富足，事事保持好奇心，懷抱非常多的夢想以當諧星、綜藝節目主持人和投資人為目標，對自己的未來充滿期待，閃閃發光認真生活。

我一直支持子女的所有夢想，無論未來他的夢想是否改變，我都會尊重並給予支持，就如同當年小俊的散漫被誤以為是注意力不足過動症的症狀，被認為會妨礙其他小朋友學習，剛進入補習班便被屢屢逐出時也是如此。

不論現在或是未來，我們不可能只靠單一職業，就平穩富裕過完一生。孩子的夢想也會因為當下關心的事物不斷產生變化，父母應該陪伴在子女身邊並給予支持，才能激發孩子的多樣性潛能，找出真正適合他們的志業，讓孩子發揮出真正的光芒和過人的能力。

本書除了強調家庭金錢觀念對孩子的重要性，同時也是一本關於小俊追逐夢想，以及身為母親的我如何孤軍奮戰、一路走來的真實紀錄。多虧這趟不可思議的旅程，讓我和小俊從中獲得成長，今後也會繼續努力下去。

二〇二一年八月

李恩珠

1　韓國網站 NAVER 提供的自營線上購物服務，任何人都能利用該服務設立線上購物的網頁。

第一章

13 歲的理財 YouTuber，投資股票成功的祕密

未知挑戰的出色成果，屬於勇敢執行的人

觀看財經新聞的孩子，第一次認識股票

從二〇二〇年開始，那些對小俊的故事感到興趣的人，最關心的就是年僅十四歲的孩子是怎麼學會投資股票的？甚至誤以為父母也是投資股票的高手。

先從這個誤會開始解釋，**其實我們夫妻一開始根本不懂股票，也對投資股票有相當嚴重的偏見，多虧小俊讓我們重新認識股票。**

去年，世界衛生組織（World Health Organization）確定將新型冠狀病毒肺炎列

為傳染病最高危險等級「大流行」（Pandemic）的隔日，眾所皆知這時，全世界的股價暴跌至谷底。

疫情引發的社會性恐慌無限蔓延，韓國某個宗教團體感染者人數指數增長，我們也因此經歷一場災難。政府將新冠肺炎列為大型流行疾病，也代表這是一場危險且高傳染力的瘟疫之災。

濟州島以觀光產業為主，因為這個原因導致觀光客銳減，重創當地經濟。我們也擔心疫情大肆蔓延，所以有好長一段時間關門休業。但即使如此，我們仍需要支付員工薪水，也必須負擔數十匹馬兒每天所需的飼料費，這種情況會持續到何時，我們完全無法估量，因此感到非常不安與疲倦。

到了防疫的第二階段，防疫升級民眾難以外出，每天過著彷彿被禁錮在家中的生活，我們一家四口就像是在海上搭著遇難船隻的心情度日。為了安撫內心不安的情緒，長達一個月的時間，我每天認真打掃家中每個角落，整天不是清掃就是忙著洗碗。

某天，和妹妹一起在房間看電視的小俊，忽然匆忙跑過來找我。

「媽媽，你看一下這則新聞。用這個東西好像可以賺到很多錢，股票是什麼啊？」他問了一個令我措手不及的問題。

「你說什麼？股票？」

「我要買股票」小學六年級生的宣言

原來小俊在切換電視臺頻道時，偶然看見財經新聞節目。電視上某個投資專家的話，讓他對股票產生興趣，立刻跑來找我商量。當時全世界的股市大幅跌落，就像是爆發戰爭一樣慘烈，因此那位專家表示，現在是投資股市的絕佳機會。

小俊聽完便強烈主張，我們應該要把握這個好機會。「他們說這可是十年才會出現一次的機會，錯過這次就要等到我成年或入伍以後，才有機會再次遇到了。媽媽，我們不能就這樣錯過，拜託請聽聽我的話吧！」他一直強調那位專家說的話多有條有理、清楚明瞭、中肯公正，接著開始糾纏我吵著要投資股票。

「不可以，媽媽從來沒看過靠著股票賺到錢的人。你知道我看過多少投資股票失敗的人嗎？股票太危險了，絕對不行！」我從來沒有投資過股票，也對股市漠不關心，身邊也沒有懂得股票的熟人。

更何況我活到現在，**只聽過投資股票失利而賠上人生的故事，沒聽過因為股票賺到大錢的案例**。一個小學六年級的孩子，連「股票」是什麼都不知道，就突然吵著要買股票，著實令人生氣又無法接受。

相較於成人的謹慎猶豫，孩子比我們更有勇敢挑戰的決心

隔天，我以為小傢早忘記股票這檔事了。沒想到他卻打算繼續說服我，到了第二天、第三天也是。

光看財經新聞的頭條，就可以感受到股價崩盤得有多厲害，讓人感到心煩意亂。新冠肺炎席捲全世界，股市大幅跌至谷底，令我極度不安地想難道這個國家要完蛋了嗎？地球要毀滅了嗎？但是這孩子卻說這種時刻反而是一種機會，固執地說服我投資股市，但我的耳朵與內心完全拒絕這些言論。

小俊只看過一次的財經新聞，就對股票投資產生興趣，而同樣身為股票投資門外漢的我，無法補足孩子在股票知識上的不足之處，因此在這種情況下要做這件事情，實在太過危險且有勇無謀。

況且，股價也有可能繼續往下跌，不是嗎？現在股價慘跌到不行，有誰能夠保證以後會漲回來？雖然我到目前為止，一直支持孩子體驗各式各樣的經濟活動，給予最大的支援，非常積極進行金錢機會教育，但唯獨拒絕令人難以預測的股票，對我而言這跟賭博沒有兩樣。

小俊一直在我耳邊喋喋不休，我堅定地表示絕對不允許，這段吵鬧的對話來回持續一整天。我們之間的爭執，被正在客廳另一處運動的先生聽到，他輕輕飄來一句話。

「**既然孩子都說想要這麼做了，乾脆幫他開一個體驗用的投資帳戶吧！**」現在回過頭來看，這句話正是關鍵性的決定。平時在家裡時，我先生總會在需要做出重大決策時，果斷地為我們一家人指引更好的方向。

既然孩子的父親都出面調解，我決定先仔細聽聽看小俊的說法。

「好吧，那就來聽聽看你的想法。」

「媽媽，我有一件好奇的事。我的存摺裡面現在有多少錢啊？」

「等等，怎麼突然好奇起這件事了？你所有的錢都存在銀行裡啊……」

小俊出生以來從月子中心收到紅包，接著出生百日、週歲、生日、節日、入學典禮、畢業典禮、家族活動，還有從親戚手中收到的禮錢、偶然遇見的大人給的零用錢等等，我全部存在銀行戶頭裡一分錢都沒有動過。銀行存摺目前由我管理，長年積蓄下來竟然也有兩千萬韓元（約新臺幣五十一萬元，全書統一以二〇二二年十一月底的交易匯率 0.02585 計算）。

另外，孩子從七歲開始經營的迷你車售出利潤，以及十二歲經營飲料自動販賣機的收入，則是存在另外一個銀行戶頭中，裡面也有七百萬韓元左右（約新臺幣十八萬元）。

小俊說要把所有的資金，投入到股票市場。

我感到十分詫異、目瞪口呆。對於孩子的計畫，我不可能欣然同意。

「**那些存款的利息有多少呢？**」

小俊打算用一種客觀的角度去計算那些存款，所以才問我這個問題。

其實，生在這個低利率的時代，存款利率想超過二%都很困難，加上我們還得支付稅金，總結下來根本沒賺到什麼利息，更別期望以後利率上漲，說不定還需要支付銀行保管手續費託管我們的財務，這種話題我也聽過不少。

反正**錢也是閒置在銀行，還不如拿去股票投資**。小俊的這番主張似乎也頗有道理，難道正如同孩子所說，過去世界經濟的景氣循環可以被預測，十年才會經歷一次循環，現在正逢時機嗎？

不過，將財產一口氣全部投資下去，實在是件危險的事情，就在我猶豫之際，孩子一直吵著要買的三星電子股價，在觸及低點後便走高超過四萬兩千韓元（約新臺幣一千元），高點一天比一天還要高。

既然決定了那就大膽執行

我和我先生對股票一竅不通，但我們尊重小俊的選擇。雖然現在是我幫忙管理小孩的存摺，但那些終究是孩子的錢。此外，就算投資失敗要付出慘痛的代價，但**具備承擔並克服巨大失敗的經驗，也會成為人生中最珍貴的養分。**

「小俊，**這些都是你的錢，也是你的選擇，所以你必須負起責任**。你要記住這一點，知道嗎？」

話是這麼說，但我還是沒辦法讓小孩子獨自處理股票投資的事，趁這個機會，我們決定幫家裡的每一個人開一個證券帳戶。身為母親，比起被草率的偏見左右而排斥股票這個金融工具，是時候開始認真學習相關知識了。

開設未成年者的證券帳戶，只需父母到場。因為擔心新冠肺炎，我便將孩子們留在家中，和先生兩人一同前往銀行。不過，就算開好帳戶，我們還是足足花了一週的時間，才真正開始進行股票交易。

我們必須先將證券帳戶連結到手機的銀行應用程式，並簽署股票投資所需的金融業電子證書後才能購買股票，這個過程非常不容易。因為我們都是第一次做這件事，所以三番兩次出現錯誤，只好再次前往銀行詢問開通網路帳戶的問題，接著回到家中繼續嘗試。

在所有人因為新冠肺炎而宅居家中的時間裡，我們努力不懈往返銀行，在開始正式股票交易之前，幾乎快要筋疲力盡了。我跟小俊一起坐在電腦前，咬緊牙關尋找相關的資料，不斷地嘗試、嘗試、再嘗試。

最後，終於成功了。

一番折騰後，三星電子的股價在這個時候也來到了四萬七千韓元（約新臺幣一千兩百元）。

教孩子對自己的選擇負責

「小俊，你先去學習股票種類，搞清楚再去挑選股票吧！股票的選擇要非常謹慎才行。」

雖然我會害怕，但我不想干涉孩子的投資選擇。

「媽媽看過太多因為股票投資失敗，把人生賠進去的人了。但要是讓你跟著媽媽一起挑選股票，最後卻賠錢的話，你以後不是會埋怨媽媽嗎？所以，你的錢你自己看著辦，媽媽也用自己的錢投資，我們各自選擇想要的股票吧！」

就這樣，**我們各自挑選股票標的，並且約定過一段時間互相比較彼此的績效成果**，比賽看看誰比較會投資。在小俊學習怎麼用手機購買股票的事情上，我沒有出手幫忙，因為大家就像是在競賽一樣，只有靠自己去了解學習股票，才能真正興致盎然地投入其中。

其實，我是有幫手的。一位與我十分要好的後輩，是我身邊唯一有玩股票的人，也聽說對方曾經被稱為股票高手。因此，我隔天便去找那位後輩並請教股票相關知識。

「請推薦一些保證獲利的股票，我也想賺點錢。」

我內心充滿期待，甚至興奮地幻想，萬一不小心賺太多錢該如何是好呀？

後輩講了一些聽起來很艱深的專業用語，也推薦了幾支股票。我聽了後輩的建議也私底下做了一些功課，最後把錢都投進了生物科技股。由於疫情爆發，市場對口罩、疫苗、治療藥等保健相關物品的需求，以及對新藥開發的投入都是當下關注的焦點，搜索相關新聞後更加佐證我的想法，我認為這是個非常適當的選擇。

跟我不同的是，小俊則是獨自研究，挑選想購入的股票。仔細觀察也看得出他非常緊張，**下單的時候不是一口氣大量購入，而是以零股的方式一點一點下單，透過少量多筆的分期方式，分散投資風險。**

這也是小俊的收益績效以短期間來看，比同期投入市場的其他人還要低的原因。**但小俊仍繼續堅持用自己的方式，分散投資。隨著時間的流逝，令人訝異的結果逐漸浮上檯面。**

剛開始野心勃勃的我，所投入的生物科技股全部變成一串綠字、不斷呈現負數值的畫面，讓人看一眼都感到十分害怕。我向後輩傾訴不安的心情，身為高手的後輩安慰我：「你從現在開始靜靜地等待吧！只要去分析企業就會知道，股價在下半期一定會漲回來的。」

然而，看著不斷抖動的股票線圖，我的心情依然無法冷靜下來。對於第一次投資的新手，我沒辦法擁有像高手後輩那樣屹立不搖的信心，內心甚至有過輕生的壞念頭。

孩子投資績優股，創造驚人獲利

當我的股票績效呈現一片綠字，全都慘跌到不行的時候，小俊的股票開始被一片欣喜的紅色填滿，這是他的投資出現收益的表現。就這樣過了兩個月，我終於清醒過來。

「啊，我必須丟掉自尊心，跟著兒子的方式來做才行啊！」之前生物科技股投入的一千萬韓元（約新臺幣二十五萬多元）本金損失到達七十萬韓元時（約新臺幣一萬八千元），由於實在太害怕損失不斷增加，沒辦法看著一片綠字坐視不管，我便把所有股票賣掉了。結果，在這場跟小俊的競爭之中，我率先舉起白旗投降。

「小俊，實在很不好意思，但媽媽決定跟著你買股票了！」

於是，就連小俊才七歲的妹妹，也跟著小俊一起買股票。小俊在購買自己的股票時，也幫妹妹一點一點下單同樣的標的。**小俊只投資大企業的績優股，所以我們的投資績效也慢慢好轉**。

如今，**我們所有人的股票都以績優股為主**。因為受到新冠肺炎大流行的衝擊，使得許多績優股的股價大幅跌落，但後續價格也逐漸回升。現在回過頭來看，這些變化其實都是正常的現象。而我們手上的股票正在持續上漲，努力替我們創造漂亮的收益。

小俊的股票績效

▶ 小俊的初始基金 2,000 萬韓元（約新臺幣 51 萬元）
（從出生到現在所有零用錢金額的總數）

▶ 中間創業獲利 700 萬韓元（約新臺幣 18 萬元）
（7 歲到 13 歲經營迷你車販售和飲料自動販賣機的利潤）

▶ 投資總金額共 2,700 萬韓元（約新臺幣 69 萬多元）

日期	平均獲利	獲益金額
2020 年 6 月 12 日	8.89%	840,000 韓元
2020 年 8 月 12 日	17.67%	2,730,000 韓元
2020 年 12 月 12 日	24.59%	4,859,000 韓元
2021 年 1 月 10 日	39.81%	9,253,785 韓元
2021 年 1 月 24 日	43.54%	10,297,580 韓元
2021 年 2 月 16 日	46.06%	11,398,471 韓元
2021 年 4 月 15 日	47.04%	12,124,971 韓元
2021 年 6 月 30 日	51.30%	14,202,071 韓元

・加上中間變現的 300 萬韓元（已實現收益），總獲益金額約為 1,720 萬韓元（約新臺幣 44 萬元）

▶ 小俊的股票投資相關紀錄

・小俊看到財經新聞的日期：2020 年 3 月 12 日
・小俊領出所有存款的日期：2020 年 3 月 16 日
・股市大跌的日期：2020 年 3 月 19 日
・小俊將所有資產投入股市的日期：2020 年 3 月 26 日

不行動就不會成功

各大媒體記者連日來的報導與宣揚，使得股價大跌的新聞傳遍大街小巷，大眾也明白這是新冠肺炎所導致。雖然多少有些困難，但人們終究會找到克服流行傳染病的方法。

簡單來說，如今看起來非常艱難的時局，總有一天會迎來終結。儘管情況尚未明朗，但這是所有人都深信不疑的事。

此時，人們的反應可以簡單分成以下三種類型。接收到同樣的資訊，有根據其中的訊息快速行動的人、有對這些資訊毫不關心的人，以及深思熟慮卻躊躇不前的大多數人。

有投資股票的人，應該聽過「買在膝蓋上，賣在肩膀上」[2]這句話。股價也許會跌到更低的價格，但是當跌到一定程度的時候，不管是低在膝蓋還是腿部的位置，都是可以入場的時機。

這種投資理念是因為野心不夠強烈嗎？如果連嘗試都辦不到，就無法獲得任何獲利。不管是股票投資或任何事情，讓它們變成現實的關鍵，就是實際行動。

用開玩笑的話來說，「安靜不動的話，就會變成草包」[3] 如果真的像這句話所言，那也沒關係。但實際上，只要你不行動，就不會變成任何東西，人生也不會有任何改變。

2 韓國諺語。意思是不要買在最低點，而要買在次低點；不要賣在最高點，而是賣在次高點，已獲得適當的收益。

3 韓國的玩笑話，意指安靜不動的話，看起來就像是沒什麼了不起的人。

投資股票，看清世界流動

學會思考企業未來的價值

小俊選擇的股票標的，也是眾多報章雜誌所關心的重點問題。記者們從小俊開始投資股票的動機到選股的理由，追根究柢問得非常詳細。

這讓小俊感到非常慌張，深怕自己說錯話，讓世人對他指指點點。他幼小的心靈變得十分膽怯，在第一次接受採訪，面對記者猶如排山倒海的問題時，小俊的手指不停顫抖，最後甚至還哭了出來。

「我發現，在路上看到行駛最多的車輛是現代汽車，家裡的冰箱品牌是三星電子，電視機則是LG電子的產品。此外，我每天都會使用Naver搜尋，利用Kakao Talk跟朋友互相傳訊息。**這些企業都是我出生後到現在經常使用，未來也會繼續使用下去的品牌企業，所以我才選擇這些公司的股票**。不過，記者先生，我是不是做錯什麼事了？」

小俊提到自己會購買的股票企業，是每天都會使用到、自己最熟悉的品牌。他單純認為只要是自己有在使用的產品，那些產品就有充分的價值。

小俊將自己所有財產投資到股票上，一旦這些股票的價格往上漲、股票獲利率越好，他對投資越有興趣。從那次採訪之後，小俊更認真尋找股票相關的新聞或書籍來看。

「嗯，**原來是要去看股票未來的價值啊**！三星電子是我們國家的代表企業，未來也會繼續發展；現代汽車則是日常生活中必要的工具；Kakao Talk是韓國最大的通訊軟體；Naver是我賣豬肉特產的時候，使用的電子商務網站，我覺得它的系統使用起來非常方便，相信以後應該會更加便利吧！所以，我只是蒐集一些具有代表性的公司，然後購買它們的股票。」

因為小俊是第一次購買股票，加上他的戶頭裡面只顯示出紅色的上漲趨勢，以至於他以為股票的標示顏色只有紅色，代表下跌的綠色標示，他還是看了其他人的投資明細才知道的。

學習投資股票，就是學習經濟與社會

不過，關於小俊投資股票的話題傳開之後，他似乎感受到一種責任。也許是為了滿足大家的期待，他漸漸想要充實自己的內在，俗話說：「只要能夠到達首爾，斜著走也沒關係[4]」得益於投資成功，這孩子現在終於自發性地感覺到認真學習股票及經濟知識的必要性。

小俊的股票學習之旅，最初是透過新聞媒體、報章雜誌和專家的 YouTube 影片等方式開始。不過，網路或電視節目中，財經專家講的東西有時很難理解，所以他開始尋找一些書籍閱讀。

「什麼是 KOSPI[5]？什麼是 KOSDAQ[6]？」

剛開始，小俊都是看一些介紹股票基礎知識的漫畫書。他也承認自己現在對股票了解的程度，不過略知皮毛而已。此外，這孩子還說：「不懂為什麼有人一直買了又賣、買了又賣呢？可能是因為沒有辦法保障穩定性，才會用這種方式投資。如果換作是我去炒短線的話，我一定會因為壓力太大而活不下去。」

在孩子十幾歲或更早之前，就擁有一些經濟活動的經驗非常重要。但不是所有人都要和小俊一樣，這麼早就開始嘗試股票投資。可是，**對於年幼股票投資者來說，有一筆長期放置不用的閒錢是最大的優勢，如果能讓這項優勢變成自己強大的後盾，那麼這件事就值得執行**。

股票投資的另一個優點，是可以增加自己對這個世界的關心。因為是用自己的錢下去投資，自然而然會開始關心世界的動向。除了對股票本身的研究，我們也會對影響匯率、美金、股價的國內外經濟、政治、社會等局勢變化、國際話題等等，任何關於世界急速變化的新聞產生更廣泛的關注。

此後，「經濟」與「社會」不再只是書桌上的學習科目，而是與自己的生活息息相關的學習之一。

比起眼前的報酬率，必須讓錢為自己工作

二〇二一年初，當股票市場經歷漫長的下修時，很多人都非常好奇小俊下一步會有怎樣的行動。有許多聲音猜測他會因為股票跌到谷底而放聲大哭，為此小俊還特地拍一支影片，向大家公布自己的股票獲利表現。

今年以來，發現許多關於我的評論，像是「連小學生『小俊人』都可以賺得到錢，看來是時候將我的股票賣掉了，感謝你告訴

我什麼時候該賣股票」、「『小俊人』說要長期投資，難道他沒從上漲勢頭中脫身被套牢了嗎？」等諸如此類的評論。

今年初隨著美國利率上升、各機構與外國人買賣稅制的調整等，在經過長期的局勢調整後，韓國股市也漸趨平穩。面對這樣的股市狀態，大家都很擔心年僅十四歲的我。

但是我過得很好，正如這個帳戶所呈現的數字，從去年四月以來創下最高紀錄的獲利率四七%。老實說，我打算長期持有手上的標的，所以現在的獲利對我而言沒有太大的意義，不過有很多人對此非常關心，所以最後我才分享給大家。

我不是一次將所有資金投入股市，而是以優良的公司為主，從去年開始分批購入那些公司的股票，達到分散風險的目的。反正我的年紀還很小，不急著將股票售出。我也沒有貸款，這些錢都是短時間內絕對不會用到的錢，以閒錢進行長期投資不是短進短出，所以心情上非常從容。

因此，我才會一直跟各位觀眾說，若年幼子女能從十幾歲開始投資股票的話，是非常好的事情。

——來源：YouTube「小俊人」《十四歲小俊人的股票大暴跌！股票下跌時的情緒管理方法》

美利茲資產管理公司（Meritz Financial Group 韓國金融集團）的代表人約翰・李在他的 YouTube 頻道「李約翰的生活股票」中邀請小俊一起拍攝《我從這些人的身上看到韓國的未來，達成經濟獨立的學生權俊》的影片。

邀請小俊一起拍影片的理由，他是如此說道：「我想要看到的就是這個。不再拘泥於為了課業去上補習班，而是將力氣花在金錢教育、投資理財上。此外，我也想要告訴大家在未來世界裡，從好學校畢業獲得一份好工作，絕對不是唯一的正解，」他也表達對小俊的期待：「假如這個社會多一千個、一萬個像小俊一樣的學生，我相信韓國的未來會更加光明。」

影片中也透露一些關於韓國補教界中，令人印象深刻的故事。約翰・李之前就公開討論過金融文盲率帶來的負面影響，以金融文盲率比韓國更高的日本為例，其中一位日本聽眾聽完說道：「我很認同您指出的問題，不過說到韓國人與日本人之間的差異，那就是日本人不會將時間和金錢投資在補習上。」

總之，約翰．李先生強調，**我們需要了解金融、投資股票，是為了建立讓錢幫自己工作的機制結構**。正如他所言，小俊不想要讓自己沉浸在當下的獲利中，因為這次投資能夠成功是歸功於執行力，而不是所謂的實力。反正，若是以長期投資為目標的話，沒必要為了一時的獲利或失利而影響情緒。

股票是孩子經濟收入管道之一

近來，中國的經濟報紙《第一財經日報》報導一則新聞，住在中國大連的一位中年女性在購買股票後，因為忘記這件事而賺大錢。她在二〇〇八年用五萬元人民幣買下生物科技公司長春高新的股票，經過十三年後股票價格上漲至五百萬人民幣。當中投資的祕訣是什麼呢？據說答案是——**那位女士忘記證券帳戶的帳號密碼**。這個新聞也證明韓國證券界的玩笑話「買了股票以後，就去吃安眠藥，睡個幾年再回來看」正是事實。

想要透過股票投資獲得收益，就算借助安眠藥的力量，也得有長期持有的耐心才行。據說，要是每天緊盯股票市場，人的耐心很難抵抗想要短進短出的誘惑。還有一種說法是，只要開始投資股票，就會在不開市的週末感到痛苦無比，甚至患上「週末症候群」忘記什麼是「週一症候群」。

由於股票的這種特性，讓許多人對於十幾歲的年幼投資人參與股票感到憂慮。但在小俊金錢理財的觀念中，股票只是他各式各樣的收入來源的其中之一罷了。我認為**在孩子年紀還小的時候，一點一點購買那些優良公司的股票，等他們長大之後，經濟上就多一個穩定的收入管道**。

近期「小俊人」YouTube 影片中，小俊提到：「小孩子不能貸款就不可能借錢投資，而且我們必須去學校上課，所以也不可能時時刻刻盯著股市變動，無法進行短線操作。況且我這麼年輕的時候就購買股票，也沒有必要依賴安眠藥。因此，**這**

個年紀是長期投資最有利的年齡層。」

貨幣的價值會持續下跌，所以小俊觀察KOSPI指數十年的變化圖，表示長期投資是正確並確定這就是自己的投資風格。不過，他最近也感受到自己說話分量輕重，正在努力學習提升自我、謹慎投資理財，同時也對那些決定進場的年幼投資者強調，在開始投資之前一定要牢記這個觀點。

TIP 幫未成年子女開立證券帳戶的方法（臺灣）

注意事項：

- 在臺灣，目前未成年證券戶只能臨櫃辦理，且線上開戶申請人須年滿二十歲之本國自然人，且不接受法人及代理人開戶。

需要攜帶文件：

①法定代理人的身分證、第二輔助證件、印鑑（若法定代理人父母雙方無法同時到場，由一方代辦者持另一方雙證件及同意書辦理。但部分銀行規定必須雙方都在場）。

②小孩的身分證或戶口名簿、第二輔助證件、印鑑。

③未成年未滿七歲，由法定代理人代為簽名；未成年已滿七歲，本人須到場親自簽署文件。

④因開立證券帳戶需設定帳戶本人銀行帳戶作交割，無法使用他人帳戶扣款。

4 韓國俗語。比喻只要能夠達到目的，任何方法都是好方法。

5 KOSPI（韓國綜合股價指數）是韓國交易所的股票指數。

6 KOSDAQ（科斯達克指數）是韓國的高科技企業股票指數。

利用 YouTube 滾動成功的雪球

靠自己找到成功的方程式

一個完全不知道股票的孩子，在新聞上看到股價暴跌的新聞，聽到專家說這場暴跌可能是十年難得一見的投資機會後，竟然果斷拿出累積十多年的資產，全部投入股市獲得巨大收益。老實說這麼一看，我們也沒有做什麼多麼特別的事，甚至可以說是純粹運氣很好而已。不過，真正的差別在於，我們獲得資訊後是無動於衷，還是以這個訊息為基礎採取行動。當然，**是否抓住機會並採取行動，其結果會呈現**

非常巨大的差異。

不過，透過股票賺錢是否就代表成功？我認為這個質疑與異議非常合理。因為在這個世界上，靠股票賺大錢的人非常多，就算小俊是小學生這點很特別，充其量也不過是在韓國濟州這種鄉下地方的少年，藉由股票稍微賺到一些錢的故事而已。

然而，小俊的故事究竟是如何傳到英國路透通訊社的耳中呢？小俊既不是全世界獲利最高的人，也不是總收益最大的人，更不是馬克・祖克柏（Mark Zuckerberg）[7]、華倫・巴菲特（Warren Buffett）[8]或伊隆・馬斯克（Elon Musk）[9]之類的名人。

答案就是——**小俊將自己的投資成功經驗寫成企畫內容，拍攝影片上傳到 YouTube 頻道後，事情像是雪球般滾動了起來**。關於他股票投資的故事，完整記錄在小俊的 YouTube 頻道「小俊人」中。

工欲善其事，必先利其器

小俊經營的 YouTube 頻道「小俊人，朝向經濟獨立的夢想」是以十歲至二十歲左右的青少年族群為目標所打造的。

這個頻道上傳的第一支影片，是小俊分享自己不再向父母要零用錢，透過打工與小小事業，每個月獲得一百五十萬韓元（約新臺幣三萬八千多元）收入的故事。

二〇二〇年十二月二十六日，「小俊人」頻道訂閱人數從寥寥無幾的五人，獲得突破性成長到達六百二十八人。第一支影片上傳後的第六個月，小俊又上傳了第二支影片，想向觀眾分享股票的故事。為了提升難以增加的訂閱數，他做好全新的覺悟來規劃新的影片。這次影片中也記錄他去年是如何度過聖誕節。

去年的平安夜，餐桌上擺好蛋糕，佇立在客廳一角的聖誕樹正在閃爍著。趁小俊在拍攝 YouTube 影片的期間，我打算去準備晚餐。

也許各位讀者會想，一個小孩有辦法自己拍攝 YouTube 影片嗎？我的回答是：

可以。為了讓他能獨立拍攝影片，我們還重新布置書房，書桌上放著電腦並架設三腳架與照明燈，還用白色布簾當作背景，根據小俊的需求決定是否要遮擋書櫃。請容我事先說明，**為了讓書房的設置完善，我們也是經歷過無數次的失敗和調整，經過多次嘗試之後，才完成這個符合需求的空間**。

小俊現在拍攝方式是坐在書桌前的椅子上，將電腦中經過努力撰寫、修正、再修正的文稿打開，依照講稿流程拍攝影片。**所以即使小俊獨自一人，也只需要用三腳架把手機架好，就可以隨時開始攝影**，一切準備得相當萬全。

比起第一支以零用錢為主題的影片，這次股票投資的主題是觀眾最近非常感興趣的議題，所以成功的可能性似乎更高。小俊也期待這次會有更好的回響，因此格外用心準備、踏踏實實地完成拍攝。一般來說，拍完後小俊會先剪輯，我負責最後確認的工作，仔細協助影片製作完成。

當時，拍攝結束後，小俊笑容滿面地從書房走了出來，看來我們一家人能開心享受平安夜了。這時，我想要確認影片有沒有拍好，沒想到打開檔案仔細一看——我的天啊！小俊的聲音完全沒有收錄進去。

培養面對失敗的正面態度

原來麥克風的連接線沒有連接到智慧型手機上。孩子的黑眼圈都快掉到下巴了，這可是他充滿期待，並且注入滿腔熱情才完成的影片。

更何況那天還是平安夜，他可是忍耐著想要盡情玩樂享受的心情製作影片，但無奈還是發生了失誤。小俊掩飾不了自己傷心難過的情緒，我也對自己沒有抽空幫忙確認而感到抱歉萬分。我以為小俊努力拍攝好影片，我準備好一頓美味的晚餐，然後全家人一起共度快樂的平安夜，這些事情可以同時進行，但看起來這個心願太過奢求了，我不禁如此反省。

就算是聖誕節又怎樣，顧不了準備好的蛋糕，小俊走進自己的房間躺了一整晚。我當時心想，那支影片可能就此消失了，因為等孩子恢復情緒還需要一些時間，但過了一段時間，影片內容的新鮮度也會下降不少。

沒想到隔天，小俊抱著悲壯的心情走進書房，重新錄製好影片。過程中，只要發現聲音有不清楚的地方，他就會反覆錄製和確認。

看著小俊編輯完成的影片，我再加入背景音樂和片頭開場，最後用手機調整、增加細節效果，終於完成了這支影片。在經歷千辛萬苦後，小俊終於將影片上傳至「小俊人」等到時間大概過了一個月左右，某天小俊的影片截圖與剪輯片段在網路上大量流傳，頻道的點閱率也大幅提升。多虧 YouTube 的演算法，第一支影片的觀看數也增加了不少。

這段期間，本來只有幾百人觀看的影片，後來變成了幾千人，最近還累積到十七萬次觀看數。**訂閱人數也突破一萬兩千人，那陣子幾乎每天呈指數式增長。我們都感到很驚訝，究竟發生了什麼事啊？**隨著觀看人次的增加，影片下方的留言也跟著大量湧入。雖然我曾經預測第二支影片會比第一支，獲得更多人的回響，沒想到回饋超出期待，我們全家都非常驚訝。

YouTube —— 現代實現夢想的工具

國內外首屈一指的新聞媒體之所以知道小俊理財獲利的事，正是因為小俊利用 YouTube 將自己的經驗公諸於世。

後來，大家非常熟悉的各家媒體積極邀約小俊，讓我們再次感受到網路全球化帶來的威力。因為新聞媒體的報導，小俊的頻道再一次成功獲得關注，幫助他朝著自己長久以來的夢想，向前跨出一步。

小俊自幼就有逗笑別人的欲望與才能。希望成為能歌善舞會演戲的諧星，且擔任綜藝節目主持人獲得成就，是小俊一直以來的夢想。相較之下看起來比較安靜乖巧的我，也曾經想過要參加諧星選拔比賽。小俊的爺爺也是一個看起來十分快樂，總是笑容滿面、興致勃勃的人。在我看來這孩子更像他爺爺，也許是受遺傳基因的影響，小俊才有了這個夢想。

然而住在韓國南端濟州的小島上，普通人想要將自己的才能發揚於世是一件十分遙不可及的事情。

實際上，小俊小學一年級的時候，就開始經營名為「電磁玉米」的YouTube頻道。當時，所有小學生的夢想是成為YouTuber，小俊經常沒有任何事前準備，就獨自坐在房間的角落，把隨手亂拍的影片上傳到網路。

這個頻道命名的由來，「電磁」指的是磁鐵，而「玉米」上的每個顆粒代表一個一個的訂閱者，小俊希望自己像磁鐵一樣擁有強大的吸力，能夠吸引到像是玉米顆粒一樣無數的訂閱者，所以才取了這個名字。

和頻道名稱頗有深度寓意相比，頻道中上傳的影片品質卻令人堪憂，不是拍玩遊戲的內容，就是看別人遊戲實況的影片，然後邊看邊大肆胡言亂語。某天，我還聽見奇怪的聲音，走過去一探究竟，發現他正在鬼鬼祟祟地嚼著什麼東西，他說這是在拍攝ASMR[10]系列影片。我第一次看到那幅景象時，真的嚇了一大跳，還以為他是哪來的奇怪小孩。

小俊嘗試拍攝過許多的影片，製作了十多部作品，但是知道這個頻道的人少之又少，我甚至突然覺得繼續這樣下去很危險，因為他拍攝的影片中會不小心暴露家裡的樣子，曝光我們的私生活。

最後，小俊的第一個 YouTube 頻道即使經營很長一段時間，也擁有一個充滿野心的名稱，但是訂閱者只有十七個人，只好含淚忍痛關閉頻道。

上到小學四年級時，他又強烈表明自己將重新經營 YouTube 頻道。原來，他有了一個全新的夢想，就是想要成為諧星兼綜藝節目的主持人。他告訴我，當他觀看《搞笑演唱會》或《Running Man》之類的電視節目時，也夢想著自己有一天要出演電視節目，成為一個能搞笑也能主持綜藝節目的全能諧星。在我的眼中，小俊充滿了才能。

在韓國濟州島上出生、成長的少年，如果想要讓全世界都知道自己的存在，最好的方式就是利用網路。**這些在 YouTube 上一個一個努力上傳的影片，如果能在未來成為展現自我才華的作品集，那是再好不過的事了。**

因此，一個全新的頻道「權俊ＴＶ」就在小俊小學四年級時創建。

寫下孩子成長日記的意外效益

身為母親的我，一開始並沒有幫忙或贊助小俊的 YouTube 頻道。因為我認為他應該要自己嘗試過後，必要時我才會伸出援手。

小孩子接受新事物的速度非常快速，反觀大人很容易被既有的經驗與想法禁錮，習慣用懷疑與批判的角度審視陌生的事物。**因此，越是陌生全新的挑戰，大人越應該認真傾聽小孩子的意見，這是我現在十分確定的事**。

如果問我曾經幫小孩做過什麼事情，那就是在我的部落格「起飛吧！小俊人」中創立一個記錄兩個孩子成長日記的分類。即使生活再忙碌也會替小孩拍照，在他們入睡的夜晚，抽出三十分鐘左右的時間，將文章與照片一同上傳到部落格。

得益於此，孩子們成長過程中所有重要的時刻，都留有相關的文字與照片，這些生活點滴都保存在部落格中，而我的部落格和 Instagram 以及小俊的 YouTube 頻道也產生互相推波助瀾的效應，一路默默撰寫、累積起來的成長紀錄變得更有價值，屬於我們的故事也正轉變成令人意想不到的經驗。

成功是靠一連串失敗和練習累積而成

在「權俊TV」中，小俊以一個正在準備出道的藝人心態，為了突顯自己的資質與才能，他拚命地又跑又滾展現多種個人才藝。在影片拍攝與剪輯上也花費許多心思，但是和付出的努力相比，影片沒有獲得預期的反響，頻道的訂閱人數也有很長一段時間沒有起色，為此我們相當苦惱，但小俊依舊默默經營了好幾年。藉由這個頻道的失敗經驗，反而奠定理財頻道「小俊人」成功的基礎。

經營 YouTube 頻道也五年了。我們決心找出失敗的原因並加以改善，親自拜訪許多在經營 YouTube 頻道上頗有成就的前輩，向他們尋求建議。**解決問題的鑰匙，就是創造只屬於自己的企畫內容**。然而，屬於自己獨一無二的東西又是什麼呢？

我們坐下來頭靠著頭，在筆記本上畫出一張又一張的心智地圖（Mind map）[11]，希望在圖畫中找出孩子自身的特殊經驗。經過漫長的苦思，我們發現小俊有許多同齡小孩沒有的獨特經濟體驗，我們能以此為特色來發揮。小俊決定將自己對於金錢的想法，以及至今為止從事過的賺錢方法加以利用，開設全新的 YouTube 理財頻道「小俊人」。

「沒錯，到目前為止都只是練習，我們來創造一些世界上還沒有的東西吧！」

根據成功的 YouTuber 前輩的意見為基礎，**以「朝著經濟獨立的夢想邁進」為頻道主旨，為了十歲到二十歲的青少年而成立的經濟頻道「小俊人」就這麼誕生了**。

第一支影片《十三歲就賺到三千萬韓元（約新臺幣七十七萬元）：如何將每月一萬韓元（約新臺幣兩百五十六元）的零用錢，變成每月一百五十萬韓元（約新臺幣三萬八千多元）的收入》的回響雖然比「權俊ＴＶ」還要好，但依然沒有爆發性的成長。在第二支影片上架之前，訂閱者也不過數百人而已。接者，就是小俊的股票投資成功記《十三歲小學生只是想賺零用錢，卻賺到一千萬（約新臺幣二十五萬多元）了》。

因為新冠肺炎大流行，使得全世界的經濟陷入恐慌，「賺錢」一下躍升為生活中極為重要的話題。在這樣的時空背景之下，一個十三歲的濟州少年投資獲利的故事，恰巧證明「天無絕人之路」。

不停滾動成功的雪球

股票投資的成功彷彿骨牌效應，解鎖一個又一個成就。小俊晉升為「十大理財YouTuber」還成功出現在新聞與節目中，小俊終於向他夢想中的世界邁進一步。

接下來，我要介紹小俊登上各大媒體的時間表。

二〇二一年一月二十五日 《韓國經濟TV》新聞報導

二〇二一年一月二十六日 《EDAILY》新聞報導專訪

二〇二一年二月四日 SBS《SUBUSU NEWS》YouTube 影片出演

二〇二一年二月七日 SBS《Morning Wide》新聞報導

二〇二一年二月九日 英國路透通訊社，首次新聞報導專訪

二〇二一年二月九日 JIBS FM《姜敏京的 Now JEJU- 熱點人物》特輯節目出演

二〇二一年二月十日 《朝鮮經濟》、《news1》新聞報導

二〇二一年二月十日 JIBS《820 News Desk》新聞報導

二〇二一年二月十六日 TV 朝鮮《TV CHOSUN News9》新聞報導

二〇二一年二月二十三日 SBS《8 NEWS》新聞報導

二〇二一年二月二十三日 阿里郎 TV《News Center》新聞報導

二〇二一年二月二十六日 《Money Today》新聞報導

二〇二一年二月二十六日 《Money Today》YouTube 頻道「炸年糕」出演

二〇二一年三月十七日 MBN《MBN 綜合新聞》新聞報導

二〇二一年三月十九日 英國路透通訊社，第二次新聞報導專訪

二〇二一年三月三十一日 EBS《總之先試試看吧！下午一點的直播》特別嘉賓出演

- **二〇二一年四月** 《wiskeys》四月號 專訪
- **二〇二一年四月二十一日** 《EDAILY》《2021 EDAILY ISSUE 論壇》
- **二〇二一年四月二十二日** YouTube 頻道「李約翰的生活股票」出演
- **二〇二一年四月二十二日** 《韓國經濟新聞》YouTube 頻道「JooconomyTV」出演
- **二〇二一年四月二十二日** TBS FM《經濟發展所 我是白岩美》兒童節特輯節目出演
- **二〇二一年四月二十三日** 英國 BBC 電視臺專訪攝影
- **二〇二一年五月** 教元集團《wiskeys》五月號 專訪
- **二〇二一年五月五日** KBS《深夜的時事談話 THE LIVE》直播出演
- **二〇二一年六月四日** KakaoTV《吸管女王》出演
- **二〇二一年七月十五日** 《EDAILY》大韓民國的金融大戰「2022! Login Money!」演講與談話大會
- **二〇二一年八月二十日** 《朝鮮日報》新聞報導

偶然在股票投資上獲得的成功，將停滯不前的 YouTube 頻道領向成功之路，並且成功讓小俊走進夢寐以求的電視節目。雖然一開始只有在無線電視新聞中，當作兒童股票投資者的案例之一來介紹，可是漸漸有許多電視臺發來了邀請。雖然在這之前小俊經常出現在濟州電視臺、YouTube 頻道或廣告中，但是在無線電視臺的節目中出現，也是最近才發生的事。

第一個打響知名度的就是韓國SBS全新直播節目，他們邀請小俊做節目第一集的嘉賓。我很感謝這些節目演出的邀請，但一想到我們如果離開濟州島前往首爾，回家之後必須進行五天的自主隔離，或是接受PCR採檢測試為陰性才能上學，令人有點苦惱。

沒有偶然獲得的成功，機會是給準備好的人

這時，我先生又發揮他果斷的決策能力。

「就算要進行五天的自主隔離，你們還是去吧！小俊，好的機會不會一直出現的！」

知道小俊一直很想要親眼見面的約翰・李也會參與節目錄影，我們更是無法輕易放棄這個機會。

因為節目是現場直播，我們不需要準備東西。參加這種只要掌握節目的大框架與流程的節目，小俊的表現會更順暢。因為細節如果規劃得太詳細，對他來說反而更辛苦。

「別人問我問題，我會按照自己的想法回答。如果有好奇的地方也會直接提出詢問，畢竟我不是股票專家。」

最難能可貴的是，小俊沒有忘記自己的身分。因為，股票理財只是這個孩子眾多收入管道的其中之一而已。

以EBS《總之先試試看吧！下午一點的直播》為第一步，就連KBS《深夜的時事談話 THE LIVE》也邀請小俊參與節目。

這兩個節目都是現場直播，連大人都很難做到完美的直播壓力之下，小俊卻展現出冷靜沉著、游刃有餘，甚至還會講一些玩笑話，表現得非常好。直播結束後，節目製作人與企畫對小俊稱讚不已。就連經由節目認識的約翰．李先生，也邀請小俊上他的 YouTube 頻道，提議兩人一起拍攝影片。

從股票投資與 YouTube、受到世界媒體的關注與無線電視臺的節目演出，還有這本書籍的出版，這一連串發生在小俊身上的好事，絕對不是一次偶發性的好運帶來的效應。

如果這些機會看起來像是偶然的好運，那是因為旁觀者沒有看見天鵝在平靜水面下不斷努力踢水，只看見了水面上高雅悠哉的表象而已。

我們經歷許久的準備與試驗，體會過失敗後又再次挑戰，這些機會就是我們不斷堅持的成果表現。

如果只是偶然發生的好事，我想這個成功經驗對於任何人，當然也包含我們自己來說都是沒有價值的。因為當某人所取得的成就，能變成對他人來說有價值的經驗時，這段經驗必須要能被其他人仿效。

下一個章節中，我會詳細地告訴大家這個韓國濟州少年，經歷過什麼樣的事情與努力才能到達現在的境界。從幼兒園開始就比成年人還要忙碌的韓國小學生，究竟花了多少時間，從事了多少商業活動？相信各位絕對會為此感到驚訝不已！

---

7 美國企業家、軟體工程師、臉書創始人、META 董事長兼執行長。

8 美國投資家、企業家及慈善家、世界上最著名的投資者。

9 美國企業家、特斯拉執行長、推特執行長。

10 Autonomous Sensory Meridian Response。對著麥克風輕聲細語或敲擊等方式，製造特殊的聲音讓人產生刺激或酥麻感，類似起雞皮疙瘩的感覺。

11 用圖像整理信息的圖解。用一個中央關鍵詞或想法以輻射線形連接所有的代表字詞、想法、任務或其它關聯項目。利用不同的方式表現人們的想法，如引題式、可見形象化式、建構系統式和分類式。

小俊發現自學經濟知識的重要性。

獨自拍攝要上傳 YouTube 的影片。

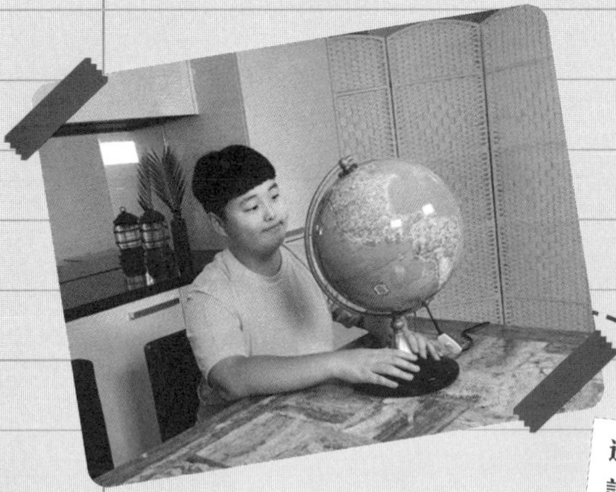

透過英國路透社的採訪，小俊感受到線上地球村的力量。

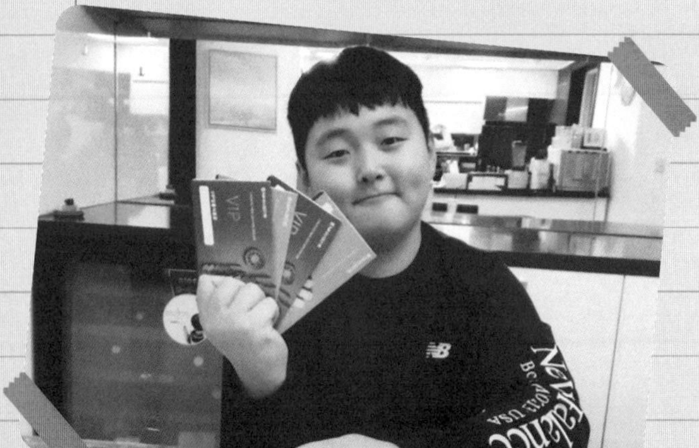

2020 年 3 月 16 日，解除存款帳戶後，開立證券戶的那天。

第二章

獨特的家庭金錢觀，養出小小理財創業家！

理財是替自己和父母的人生做準備

父母常犯的錯誤金錢教育

韓國有一種說法，有錢的父母更難教好小孩。

小時候家境不好的人，長大成為父母後不願意自己的小孩吃苦。因為他們非常了解，若孩子像個小大人一樣為錢所困，金錢問題會讓他們對任何事畏縮不前，甚至需要忍痛放棄夢想。

這一類的家長會用自己努力賺來的錢，滿足孩子所有的欲望。有時我會突然意識到這種行為對孩子而言，可能是一種毒藥。

因為孩子想要就買給他們，父母的這種行為導致現在的小孩，只要得不到想要的東西，就氣得當場跺腳、亂發脾氣大吼：「為什麼突然不買給我了？」在鬧彆扭的孩子面前，父母滿足小孩的需求要到什麼程度，這是一個複雜且矛盾的問題。如果錢包裡明明還有錢，父母能夠堅持原則不去附和孩子的請求嗎？韓國俗話「再厲害的將軍，也贏不過自己的孩子」這種說法絕對不是空穴來風。

因此，我看過許多只有身體在成長的大人，既不清楚自己的夢想與人生計畫，也缺乏克服困難的經驗。也許人生能夠無憂無慮地度過，但**絕對不可以過分安於現狀，哪怕是豪華郵輪鐵達尼號在巨大的冰山前，也毫無招架之力**。

經濟獨立才是真正的大人

要成為一個真正的成年人，不是達到法定成年的年齡而已。**最重要的條件是，必須成為經濟獨立的個體。如此一來，我們才能選擇自己的人生，依照自己的意志擁有自由。**

出生在沒有金錢煩惱家庭的孩子，長大後也無法擁有獨立生活的經濟能力，只能依附父母生存，就連面對就業或結婚等人生大事，也必須聽從父母意見，這種情況不會只出現在電視劇中。

但更嚴重的問題是，這種擔心可能只限於某一部分族群。因為有不少人說，我們的下一代，可能會比父母這代還要貧困。

職場就業越來越困難，不敢妄想擁有自己的房子，最後連談戀愛、結婚、生子都全數放棄，這些情況正是現代年輕人的處境。高齡化社會讓現代人承擔沉重的年長者照顧責任，加上無法離開年邁父母庇蔭的成年人越來越多，高齡化社會對所有人來說都是一種不幸。

為了讓子女能夠成為一個自立的成年人，**教導孩子正確的金錢理財觀念，其重要程度不輸於準備退休金，因為這也是一種養老準備**。

紙上學習不如直接進入社會

雖然我不是教育專家，但我是兩個孩子的母親，也是一名企業家，因此我總是對現代家庭的金錢教育感到憂心忡忡。面對貧富差距兩極化、經濟環境更加苛刻貧瘠的未來世代而言，我們從來沒有教導孩子那些他們應該要知道的東西。

只會對小孩說：「你什麼都不用擔心，好好過你的生活。錢的問題，媽媽跟爸爸會想辦法解決，你安心好好念書。」**從不讓小孩知道錢的事情，最終讓孩子成為一個無能的成年人**。

坐在書桌前寫著經濟學相關的作業，就算學過匯率、通貨膨脹與避險基金，但對於銀行存款利率、銀行相關業務流程、貸款、稅金等知識一竅不通的大學生有多少呢？即使通過困難的企業入職考試，自己的保單條款卻還要父母幫忙看的情形又有多少呢？倘若已經走到這種地步，那也沒什麼好多說的了。事實上，大家是不是很好奇自己的家人朋友，是否對這些事感興趣呢？

我認為用文字學習經濟，就如同用文字學習談戀愛一樣，都是一大問題。回顧我至今為止的人生，如果當時自己做出其他的選擇，現在的我又會是怎樣呢？我時常為此感到遺憾。因此，**我決定讓我的小孩在二十歲時實現經濟獨立，在他們成年之前好好學習這個世界的知識，並且實際進入到社會中**。

在這個年輕人難以生存的世界中，個人的經濟實力就顯得更加重要了。如果不提前教導孩子投資理財知識，卻期望他們賺大錢，簡直是天方夜譚。除非你財力雄厚可以不斷撒錢給小孩，否則我們絕對不能錯過與孩子一起生活的二十年黃金期。一定要培養他們在成年時，達到真正的經濟獨立。

只想消費？還是也想嘗試賣東西？

經濟實力要從日常生活中培養

我想要培養孩子成為一個有自我意志，並且以此為基礎展開人生的自由與權利的人。如同前面提過，在法律上成年時，必須擁有經濟獨立的能力才算是真正的成年人。因此，我的金錢教育觀是培養孩子的經濟實力。

小孩子長得很快一下子就變成大人。如果等他們長大才準備的話就太遲了。**必須從小在日常生活中，每天自然而然引導孩子朝這個目標邁進。**

所以，小俊在年紀很小的時候，就開始接觸有趣的經濟教育現場。我沒有什麼特別的方法，只是讓小俊跟著我們一起到工作場所上班，讓他實際參與大大小小的經濟活動，並且溝通彼此想法。

我們的工作場所是一個小型遊樂園，所以小俊從三歲起，每天就像是去遊樂園玩一樣，開心地跟著父母工作。他跟著媽媽一起接待顧客，觀察媽媽販售遊樂園的門票、管理賣場與職員一起打拚賺錢的日常生活。雖然這裡工作量龐大，但是我樂在其中對賺錢這件事更是樂此不疲。

當小孩注視著認真賺錢的母親，肯定比其他同儕的孩子更早、更積極地體驗實際的生活理財。

從消費者觀點轉成生產者觀點

最重要的是，我不斷努力與孩子溝通，藉此改變他看待這個世界的觀點。我引導他跳脫單純購買他人製造出來的產品，**從單純消費者觀點變成創意發想者，最後將發明的東西用生產者觀點販售推廣**。如此一來，即使不改變環境，只要改變自己的想法，就能夠拓展出完全不同的世界。

從消費者轉變為生產者，對小孩子來說是不是太困難了？也許有讀者會產生這個疑惑，但其實並非如此。**說起來好像很厲害，但其實只要每天講些有趣的故事給孩子聽，丟出一些適當的問題來討論、打破思考框架，就能讓孩子用不同的角度看世界**，並且愉快地交談。

在小俊五歲的時候，很多小朋友喜歡「機器戰士 TOBOT」[1]系列玩具。起初我以為這個系列的玩具，總共只有三、四個而已，所以小俊想要這些機器人時我都會買給他。

沒想到後來，這個系列不斷推出新的機器人，每當新玩具上市的時候，小俊也會吵著要買最新的。老實說，一個玩具要價七、八萬韓元（約新臺幣兩千元左右），對我來說負擔頗重。

就算家中已經立著五個機器人，孩子還是一直哭鬧耍賴想買新玩具，我看著這個情況陷入思考。

「這樣下去可不行，應該要教導孩子理財和經濟觀念了。」

我決定改變孩子的觀點，讓他用不同的視角來看待玩具。

買玩具還不夠，還要成為玩具公司的老闆

我主動向小俊搭話，語氣像是要講一個有趣的故事。接下來的對話，是我和孩子聊天的真實過程。

媽媽「小俊，機器人玩具有那麼好玩嗎？」

小俊「對啊！當然了。機器人玩具很酷欸！」

媽媽「你現在有幾個機器人玩具了？」

小俊「有五個。」

媽媽「你還想要其他的機器人玩具嗎？」

小俊「想要！我想要更多的機器人玩具！」

媽媽「不過，你只是買回來玩，但有些人在製造這些東西呢！」

小俊「真的嗎？那麼那些人有很多機器人玩具嗎？」

媽媽「是呀，而且不止有很多哦！他們擁有的數量多到可以賣給全世界的小朋友，賺到很多錢，還能隨時想玩就玩哦。」

小俊「啊！真的嗎？媽媽，我也想要那樣！我要怎麼做才能變成那樣？」

媽媽「只要小俊變成機器人玩具工廠的老闆就好了哦。」

小俊「那我要怎麼做才能當上老闆？」

媽媽「很簡單，只要把你喜歡的機器人，改造成更有趣的玩具就好了，大家就會更喜歡你發明的玩具。」

小俊「發明？」

媽媽「是啊，想要把玩具做得更好玩就必須研究它，然後申請專利，其他人就沒辦法模仿你的方式製造機器人。」

接著，我們一起在網路上尋找玩具製造廠商，瀏覽一個又一個公司的官方網站，閱讀這些公司的簡介與生產品。

那些我們覺得遙不可及的國家、工作與人物，其實真實存在於這個世界上，並且與我們擁有相似的面貌。小俊瞪大了雙眼。

「只要成為這種公司的老闆，就可以擁有所有的玩具，想玩的時候就可以玩。以後我們就不要買玩具了，自己做玩具來賣怎麼樣？不但可以賺到很多錢，還可以玩到更多的玩具。」

五歲的小俊雙眼閃爍著光芒。

後來，每當這孩子想要買玩具的時候，我都會重新講述這個故事。把那些不知道長相、卻擁有無數玩具的企業老闆的故事，包裝成有趣的童話講給孩子聽，他就會去想像自己變成被玩具淹沒的幸福老闆。不購買按照別人心意做出來的產品，而是創造自己想要的東西來販售，不但可以讓世界上的小孩開心，自己還能賺到很多錢，孩子越想越覺得這件事很酷。

只要孩子想買東西的時候，我就會用這種方式讓他多思考一下。我能不能把這個東西做得更好呢？如果這個東西因此賣得更好，應該是件不錯的事吧？**用自己喜歡的玩具來賺錢，這個想法在小俊七歲的時候實現了。**

1 南韓的機器人動畫。

七歲小孩的第一個玩具車事業

突發奇想的創業提案

那是小俊上幼兒園時的事情，那一年他七歲。我先生買了一個迷你玩具車，送給小孩當作禮物，這臺競技迷你玩具車也是我先生小時候很喜歡的玩具，它需要自己動手組裝。

小俊跟爸爸一起組裝玩具車，度過了愉快的一個小時。車子組好裝上乾電池後，咻的一聲就俐落跑了起來。孩子高興地大叫看起來十分開心，自己動手組裝的玩具車動了起來，令他感到非常神奇。

過了好幾天，小俊一直沉迷在迷你玩具車中不能自拔。某天，小俊跟爸爸聊了好久，事後我才知道那其實是一場非常認真的討論。孩子走向我，說出了一個驚人的提案。

「媽媽，那個玩具車真的很好玩，我可以在店裡賣那個玩具嗎？我想大家都會很喜歡的。」

孩子的手中拿著迷你玩具車。

我想起之前跟他聊的那個故事，就是「成為玩具工廠的老闆」的對話。但一個連小學都沒上的七歲小孩，居然想做生意，我簡單俐落地笑著拒絕他「NO！」便帶過這件事。

跨出做生意的第一步

小俊跟著我好幾天，每當我們面對面的時候，他就會提起迷你玩具車的生意。

「媽媽，我真的很想嘗試販賣迷你玩具車，如果可以在我們的店裡賣，真的可以賣得很好。」

我聽完搖頭。我之前教導他用生產者觀點思考，是希望他可以用具有創造力的開發者視角去看這世界，並且帶著這個觀念成長。但七歲小孩做生意這件事情，真是異想天開。

「迷你玩具車放在家裡，你自己玩一玩就好。」

「這個玩具在我們社區附近都買不到，只要放在店裡面賣一定暢銷的，而且有很多跟我同年齡的人也會去店裡買東西啊！」

小俊想方設法想要說服我，我先生也在一旁加油添醋。

「最近的小孩都很喜歡迷你玩具車吧！」

由於我對這樣東西根本一無所知，所以商品是否能賣得好，我打了一個很大的問號。

「我覺得好像會賣不出去耶。」

正當我堅決反對的時候，小俊直接了當地說：「我要怎麼做才能賣迷你玩具車？」

看來這孩子不打算輕易地放棄。

「**如果你真的想在遊樂園裡賣這個玩具的話，必須寫一份銷售企畫書給我才行，販售迷你玩具車也是一門事業。你要寫寫看嗎？**如此媽媽才會認真考慮，再給你答覆。」

「好啊。可是媽媽，銷售企畫書是什麼啊？」

世界上最可愛的銷售企畫書

我想讓他知道開始一個事業有多困難，因此向他說明什麼是銷售企畫書。

「銷售企畫書就是開始某一項事業之前，必須先制定好計畫，告訴別人這個事業要怎麼經營，什麼時候、在哪裡、做什麼、怎麼做、為什麼要賣這個商品，你把這些東西寫出來就可以了。」

當然，反對才是我真正的目的。

「你可以用圖畫的方式告訴我，遊樂園裡適合販售迷你玩具車的地方。為了讓媽媽能夠判斷這個事業可不可行，以及了解你真正的想法，你必須認真寫清楚，一個一個仔細說明努力說服媽媽，知道了嗎？」

「是的，媽媽！」

孩子朝氣蓬勃地回答我，接著走進房間拿出紙筆坐在我的旁邊，開始認真地寫了起來。

第一張紙上寫下「迷你玩具車銷售企畫書」緊接著下一張紙上，畫出迷你玩具車的圖並認真寫下何時、何地、如何賣、為什麼賣。

才剛學會寫韓文的七歲小朋友，在紙上寫下歪歪扭扭的字與圖畫，還用掉好幾張A4白紙，好不容易完成他的企畫書。直到現在，我還珍藏著這份手稿。

玩具車就是我的人生

小俊的企畫書名稱居然是「迷你玩具車是我的人生」。

我先生和我在看過內容後，問他了幾個問題。事業資金，也就是初期投資費用要如何籌措？販售地點具體來說要設在哪個位置？事業主去幼兒園的時間，要怎麼經營事業場所？關於這些問題，我們很認真地一一詢問他。

小俊回答，事業初期的資金會用上個月過春節時收到的紅包錢，販售地點則選在遊樂園裡的休憩咖啡廳，他打算將咖啡廳中的書櫃清出一角擺設商品，因為他的同齡朋友經常來這裡玩。此外，他去上幼兒園的這段期間，平日實在沒辦法空出時間，只能週末親自到咖啡廳整理商品的陳列與銷售。

一個七歲的小孩，用清脆的聲音說出充滿野心的話。**對於越過所有阻礙的孩子，我們再也沒有阻止他開啟這門生意的理由**。我先生也為兒子感到驕傲，臉上充滿了慈愛的微笑，並且一直在一旁幫忙說服。最後，小俊用自己的銷售企畫書，成功按照自己的目標，完美地說服大老闆們——爸爸與媽媽。

當時正好是春節剛過沒多久，小俊收到的紅包錢再加上前一段時間存到的零用錢，總共四十萬韓元（約新臺幣一萬元）當作這次迷你玩具車事業的資本。銷售地點依照孩子的提案不再另外投入資金，就決定設在我們遊樂園中的休憩咖啡廳的書櫃上。

我們一家三口拿著四十萬韓元，北上前往位於首爾的迷你玩具車總公司。到了目的地後，我們向對方介紹自己的觀光企業，並且表達希望能與他們合作。幸運的是，對方目前在濟洲島上還沒有找到交易的對象。最終，對方決定以批發的價格與我們合作交易。

小俊穿梭在陳列著迷你玩具車的展示倉庫，謹慎地挑選出五十臺左右的玩具車。因為是小俊的事業，加上銷售對象又是小朋友，所以還是選擇在小孩眼中好玩有趣的東西比較好。我們就這樣下了訂單，安排快遞寄送後，順利回到了濟州島。

我們等了好久才收到貨品。隔日，**小俊來到賣場勘查並把商品放在符合小孩子身高視線、雙手可及的位置，整體布置得十分有感覺**。他在Ａ４紙上印出超大字「出售迷你車」標語，張貼在咖啡廳各個角落。

就這樣，小俊的第一家迷你玩具車專賣店，完成了開業準備。

老闆是幼兒園學生

既是老闆又是職員的小俊，因為星期一到五都必須去幼兒園，所以能出現在賣場的日子只有星期六與星期日。因此，他決定將迷你車專賣店的開張日定在星期六。

開業第一天賣出第一臺玩具車時，小俊的嘴角都快裂到太陽穴了。消費者主要是成年男性。年紀和我先生差不多，這東西真的是充滿那個世代回憶的玩具。商品陸續賣出，銷售持穩約六個月之後進入了停滯期，孩子為此陷入苦惱。

「我覺得這個東西很好玩，為什麼賣不出去呢？」

從那時起，小俊坐在咖啡廳最醒目的位置，親手拆解再組裝迷你玩具車，試圖引起其他小孩的注意。

很多小朋友在旁邊圍觀，小俊主動跟他們搭話。

「你們知道這個有多好玩嗎？你要不要試試看？」

小俊邀請其他小孩坐在他身邊，一邊示範怎麼組裝玩具車，一邊讓他們親手做看看，體驗一下樂趣。

我本來想靠近幫忙解釋，但小俊卻做出「不要過來」的手勢。接著，他靠近那些纏著父母買玩具的小孩，在一旁幫腔說：「這個玩具真的很好玩耶！」如果小孩的父親露出充滿興趣的表情回道：「啊，我以前也玩過這個！」表示銷售成功能賣出一個玩具。

不只事業成長，孩子也成長了

後來，我們又面臨銷售停滯期。起初我們沒有適合的工具，所以無法讓顧客當場拆解組裝迷你玩具車，後來我們準備了一個小箱子，裡面裝了剪刀與鉗子之類的工具，免費借給購買的顧客。

沒想到售出的玩具車，反而是大人玩得比小孩還開心，很常看到爸爸認真組裝，媽媽在一旁喝咖啡等待的情景。

小俊九歲的時候，用賺到的錢購入了三個跑道，打造迷你玩具車競技場。比賽時間是星期六的下午兩點。每次只要舉辦比賽，大人小孩都會圍觀並大聲加油，反應十分熱烈。於是，我們決定販售能使玩具車跑得更快速的引擎。

眼見玩具車事業漸有起色，我們立刻投入額外的資金，把臨時搭建的競技場重新改造成專業的場地。不只是觀光客，就連濟州島上的迷你玩具車專業玩家也來參加比賽，這下子小俊的業績越做越好。

不過，由於疫情爆發，光臨現場的顧客銳減，小俊只好改變銷售通路，將玩具上架到蘿蔔市場[2]上，用面交或寄送的方式販售。

無法用錢衡量成功的大小

僅僅是一臺迷你玩具車，**小俊也能夠依照消費者的需求與市場狀況，調整並拓展不同的銷售管道，這就是非常鮮活的經濟教育**。小俊為了學習陳列技巧，特地跑去百貨公司拍攝販售玩具車的賣場，研究別人是如何擺設，獨自嘗試新的挑戰。

小俊的迷你玩具車事業現在還在經營。用四十萬韓元起步的事業，現在利潤已經超過六百萬韓元了（約新臺幣十五萬元）。即使如此，還是會有人這麼說：「利潤只有這麼一點點，這個事業快要不行了吧？」

如果是成年人經營的話，確實是如此。但是，以一個小孩子的標準來看，我認為這是非常了不起的成果。更重要的是，小俊勇敢創業後遇到困難也沒有輕易放棄，依然努力經營並持續發展，好不容易才獲得成功的經驗。此外，透過這個小小的創業獲得的利潤，都成為投資股票的基金滾出更大的資產。

TIP 支持孩子創業的方法

① 認真傾聽子女的創業提案。
② 讓他們嘗試制定創業計畫。
③ 練習用自己的計畫書說服他人。
④ 讓孩子面對各種生意交涉的現場。

⑤確實執行計畫內容，將實際經營權交給小孩。
⑥讓孩子親自體驗所有的成果。
⑦銷售策略必須階段性升級。

2 韓國的二手網路拍賣網站。

十二歲小孩的自動販賣機事業

打造自動賺錢的系統

小俊曾經收過一百本偉人傳記的禮物。在讀到「石油王」約翰．戴維森．洛克斐勒（John Davison Rockefeller）傳記時，看到洛克斐勒小時候曾從事過自動販賣機的事業，便跑來跟我說他有一個好主意。那時，我兒子才十二歲。

「媽媽，我也想做自動販賣機的生意？」

自從小俊在迷你玩具車事業上獲得成果之後，他便熱中於尋找其他賺取零用錢的方法。他一邊想「如果我人不在銷售現場，該怎麼做才能繼續賺錢呢？」一邊研究各式各樣的方法，最終想到的就是自動販賣機。

「為什麼偏偏是自動販賣機呢？」我提出疑問。

「因為我要去學校上課，白天沒辦法工作啊！**如果擺幾臺自動販賣機放在那邊，就算我人在學校也可以繼續賺錢**。只要放假的時候管理機臺就夠了。所以，這對我來說應該是最適合的方法。」小俊得意地回答。

我們遊樂園裡也有過兩臺自動販賣機，因為後來開設咖啡廳後，我就把機器撤掉了，那已經是十年前的事情了。

遊樂場有許多學生團體，比起咖啡，學生更喜歡喝其他飲料，還有其他來園區騎馬的顧客，每到天氣炎熱時，也會想要喝些清涼的飲品，看來小俊把這些觀察都放在心上。

因為他說的話很有道理，於是我便爽快地答應了。

「沒問題，這是個很棒的主意。建立一個人不在也能賺錢的系統，這點子很棒。那麼我們馬上去找自動販賣機吧！」

在孩子能夠承受的範圍內開始

我們迫不及待地開始尋找自動販賣機，鎖定顧客經常購買的清涼飲料和運動飲料兩家品牌公司。兩間公司在一開始都表示，如果首次訂購十五萬韓元（約新臺幣三千八百元）飲料的話，可以免費幫我們安裝自動販賣機，這個金額是小俊所存下的零用錢能夠負擔的範圍。

可惜那時，我們的遊樂園正準備改造，如果同時安裝兩臺自動販賣機的話，似乎會變得很麻煩，因此最後決定只安裝一臺運動飲料販賣機。營運負責人當然是小俊，這臺自動販賣機為他賺了不少零用錢。

自動販賣機的管理比想像中簡單很多，只要將飲料放進機器裡，然後維持機器整潔即可。飲料下單只需要發送簡訊訂購就好，收錢也很方便，一點也不複雜。

根據小俊的說法，初期投資本金不多，管理時間也很少，所以很適合學生來做。不過別忘了，電費也要算進成本中。十二歲的自動販賣機老闆小俊，整理完機器內外再補滿飲料，工作的時候總是充滿活力，甚至不由自主地跳起舞。

小俊回到樂園的辦公室，坐在一旁的書桌上開始思考。

「接下來，我還可以嘗試些什麼呢？」

我相信累積這些小小的成就感與經驗，可以發展成更大的成就。

TIP

自動販賣機事業的起步方法

① 決定設置的地點。
② 聯絡飲料自動販售機業者。
③ 初期投入費用只有訂購飲料的錢，總共十五萬韓元。機器免費借用。
④ 用簡訊下單訂購商品。

⑤回收機臺的紙鈔與零錢。
⑥清潔機器、維持整體乾淨。

（編按：臺灣自動販賣機寄臺模式，基本款機器月租約三到四千元。寄臺由業主提供場地，販賣機廠商負責機器運送和維護，網路上可直接訂購商品，再依照合約利潤分配方式拆帳。）

申請專利替未來累積致富儲蓄

孩子天馬行空的想像，也可以申請專利

可口可樂的發明者是約翰・彭伯頓（John Pemberton）博士，不過製造出可口可樂並創立品牌、讓公司賺到巨大財富的人，卻是買下彭伯頓博士的製造方法，申請註冊專利的阿薩・坎德勒（Asa Candler）。

在我還是小學生時也擁有過豐富的想像力，有很多發明的創意與點子。八歲時看到電視正在介紹專利制度，於是構想出更多的發明創意，但當時沒有一個真的願

意幫助我的大人。聽到一個小孩子說要申請專利，大部分的大人都會覺得非常荒唐，更何況那還是三十年前。

當時的創意之中，真的有許多好點子就這樣放棄了，令我感到十分可惜。捲進轉接頭裡的電線、銜接地板和牆壁邊緣細長的溝槽、按下按鈕就會自動清理地板上灰塵的自動清掃吸入裝置、看到母親用擀麵棍推著甜甜圈的麵球，突發奇想到「轉轉轉溜滑梯」等等。後來，我去美國旅遊的時候，在那裡的主題遊樂園親眼看到真實版的「轉轉轉溜滑梯」。

小孩子的話天馬行空，所以才格外有趣。這對以理性為邏輯思考的成年人來說，有著難以實現的自由與奇特。我傾聽小俊說的話，就是想要親身經歷在自由自在的想像力中巨大的可能性。

引導孩子前往專利世界的畫片[3]

小俊從小開始，只要沉迷於某一件事，就會一頭埋進去顧不上其他事情。

他七歲的時候喜歡上玩畫片。自己用牛奶盒做畫片與社區裡的哥哥們比賽。他輸掉比賽後在家裡大哭大鬧，說自己因為沒有威力更強大的橡膠畫片，所以才會輸。因此，我給他一萬韓元（約新臺幣二百五十四元）讓他去買一盒橡膠畫片，沒想到整盒畫片都輸光了，小俊整個人汗流浹背、褲子膝蓋處也破洞、手上還受傷情況相當慘烈，簡直就像一個小乞丐一樣。

據說，樂高積木最開始的起源，是丹麥一位木匠爸爸沒有錢買玩具給自己的孩子，因此砍下木頭做成積木。如果能夠自己親手做出玩具，那個東西就不再只是單純的玩具，而是一個能夠改變人生與家庭的「物品」。

我在一旁看著沉迷畫片無法自拔的孩子，心想再這樣下去不行。於是我們深度交談改變他對畫片的想法，從消費者的角度轉變為生產者的角度，最後連結到申請註冊專利上。

最後，小俊和畫片奮鬥的時間長達五年，最後這個東西終於轉變成生命中有意義的「物品」。雖然這是個令人生氣又充滿淚水的童年往事，但也變成小俊開始發明及進入專利世界的契機。多虧了「眼淚畫片」，小俊獲得「畫片王」的稱號也嘗試各種創意發明。

眼淚畫片的故事

小俊曾透過「小俊人」的影片，向觀眾講述這段充滿淚水的畫片故事，我原封不動地引用故事內容。為了發明最厲害的畫片，他做出了怎樣的努力？我又是用了什麼方法，讓孩子不再將其視為單純的遊戲，而是將他關心的事物轉化為以專利申請為目標，這些過程都一一生動地記錄了下來。

七歲的時候，我曾經沉迷於玩畫片，持續了一段時間。

每次到我家前面的遊樂場，就會看到一群哥哥在打畫片，我總是興致勃勃地看他們玩。回到家以後，我用牛奶盒和報紙折成畫片，非常努力地練習打畫片。

我心想：「練習很充分了，現在是時候要加入實戰了。」當時的我充滿自信，背包裡裝滿了自己做的地表最強畫片，邁向遊樂場。

我告訴哥哥們我也想要一起玩，接著便正式加入了打畫片的戰局。但是，沒過幾分鐘，我輸掉了所有的畫片，我既生氣又委屈，直接倒在地上嚎啕大哭了起來。

因為我贏不了力氣比我還要大的哥哥們，也輸掉自己非常珍惜的畫片。我請求他們把畫片還給我，甚至亂發脾氣耍賴，但哥哥們只是哈哈大笑，完全沒有要聽我說的話。

整個過程，媽媽一直在遠處觀察我，她朝著坐在地上大聲痛哭的我走來，等我好不容易稍微冷靜下來，才倚靠著媽媽，步伐不穩地走回家。

我一個人哭了好久，媽媽看我這樣開始分析比賽輸掉的原因，看起來問題是出在畫片上。

我製作的畫片是用牛奶紙盒做的，相比之下實在太弱，沒辦法贏過橡膠做的畫片。這次，我開始纏著媽媽耍賴。

「幫我買橡膠畫片啦！」

媽媽仔細地考慮後，對我說：「我知道了，這次是第一次，也是最後一次。我會買一盒橡膠畫片給你，但是如果你連這盒畫片都輸掉的話，那就不是畫片的問題，而是你的實力問題，以後我也就不會再買給你。知道了嗎？」

幾天後，橡膠畫片到貨了。哇，一盒裡面有好多畫片啊！我在家瘋狂地練習打畫片後，帶著悲壯的心情前往遊樂場。

一直都在玩畫片的哥哥們，看到重新回到戰場的我，一邊拍手歡迎我，一邊打算贏走我所有的畫片，所以他們才會看起來那麼開心與奮。

我再次向哥哥們挑戰，橡膠畫片的威力果然強大，所以我比上一次撐了更久的時間。

可是，他們還是不斷地贏過我，我的橡膠畫片也一個接著一個沒了。由於我必須跪在地上玩，所以褲子的膝蓋處磨得破破爛爛，用盡全力去打畫片，我的手臂彷彿也快要斷掉了。

就在我不斷失去手上的畫片，只剩下五個左右的時候，我終於清醒過來，心想再這樣下去，恐怕所有的畫片都要拱手讓人。我猛然起身，踩著憤怒的步伐回到家裡。透過窗戶看著我的媽媽，不知道是否已經看到所有的狀況，竟然一句話都沒說。

我躺在沙發上，心情非常難過，懷中抱著剩沒幾個的橡膠畫片，流下眼淚。那時，媽媽走過來，告訴我一段話。

「小俊，你希望擁有很多喜歡的畫片嗎？」

「對！我真的想要擁有很多很多畫片，我想要變成畫片富人。

可是現在都快輸光了，我好難過。」

「那你好好聽媽媽說的話。有一個很有錢的老闆，製造出很多大家都喜歡的橡膠畫片，他家裡面還有多到數不清的畫片，賣掉以後賺了很多錢。」

「哇！真的嗎？他有那麼多畫片啊？」

「對啊！不光是我們國家的小孩，全世界的小孩都買了他做的畫片，所以他賺到很多錢，於是他繼續開發更厲害的畫片，再賣給大家賺更多的錢，而且當他想要玩畫片的時候，也可以盡情地玩！」

「哇，媽媽，這是真的嗎？我也想要成為畫片工廠的老闆。既可以自己做畫片，還可以賣出去變成有錢人，我要怎麼做才行呢？」

「如果想要成為老闆，你必須先研究畫片，觀察思考要怎麼做，才能做得比現在市面上買得到的畫片還要厲害，讓其他小孩子更喜歡你的東西，接著必須要拿到專利權。」

「專利是什麼啊？」

「如果獲得專利權的話，別人就不能模仿你的創意。萬一有人要模仿你的話，對方必須花錢買你的創意。」

我沒想到竟然還有這種事！可以一邊享受自己喜歡的興趣，一邊通過買賣來賺錢。

「媽媽，我要研究畫片，然後申請專利權，再拿去賣掉賺很多很多錢，成為這世界上擁有最多畫片的有錢人！」

從那時開始，我為了研究出最厲害的畫片，花了好幾年的時間，並且在這過程中變成畫片博士。

雖然我最後沒能將製造畫片變成一個事業，但是在我的另一個YouTube頻道「權俊ＴＶ」中，把製作超強畫片的小撇步做成影片分享給觀眾。

多虧了畫片改變我的觀點，也就是不作為消費者，而是要成為一個生產者，一邊做自己喜歡的事情，一邊以此賺錢，還可以讓其他人一起享受成果。自此，我也開始了我的創業之路。

——出處：「小俊人」《一個七歲男孩眼淚的過往故事》

讓孩子研究自己喜歡的事物

小俊決定要自己開發畫片，用到了橡膠、牛奶盒、紙箱、黑色膠帶、青色膠帶等等的材料，反覆研究如何做出「地表最強畫片」。他一想到畫片這麼好玩的東西，可以申請專利又能拿來賺錢，感到興奮不已。

小俊潛心研究了三、四年後便再也想不到其他創意了。雖然他最後並沒有拿到

任何相關的專利權，卻成為一個畫片博士。

小俊的畫片在學校非常有名，甚至在義賣會上大受歡迎。義賣會開始的前幾天，他為了要廣泛宣傳自己的畫片，在操場上開心地玩畫片。這個作戰方法最終大獲成功，在學校引起一陣流行，小俊製作的超強畫片在義賣會上躍升為人氣商品。當然，其他小孩子也會折畫片，但是與下定決心要申請專利權、用畫片來賺錢的小俊相比，就沒有辦法有那麼多樣的折法。

小俊所製作的畫片中，月曆畫片的威力是最強大的。他用月曆折出畫片，再用膠帶橫豎纏了二十幾次，在一個畫片上疊上另一個畫片時，這個畫片非常適用在往下用力砸、一次將對手畫片翻面的技術。這個月曆畫片在義賣會上賣到了三千韓元（約新臺幣七十六元）。

而牛奶盒畫片單純用折的話，看起來就像一個滑鼠，所以把牛奶盒子展開後纏上膠帶，威力會變得強大。牛奶盒畫片在義賣會上賣到了五千韓元（約新臺幣一百二十七元）。每次打牛奶盒畫片，隔壁班級的老師聽到聲音就會緊張地跑過來看情況，因為牛奶盒畫片比一般的畫片，發出的聲音大了五、六倍。

只要感興趣，專利的通道隨處可見

小俊八歲的時候，為了獲得專利整日埋頭研究。

某日，我先生正準備要外出，因為快要遲到了，所以他顯得非常匆忙。然而即使如此，他仍然沒忘自己時尚達人的身分，一邊挑著要穿的皮鞋、一邊慌慌張張地找鞋拔子，但就是找不到。於是我先生情急之下，居然拿一把長柄雨傘替代塞到皮鞋裡面。我看到的瞬間，興奮地叫出聲：「小俊，就是這個！我找到可以申請專利的東西！」

待在客廳的小俊瞪大了眼睛，連忙跑過來。

我想每個家的玄關，都備有一把長柄雨傘。如果在雨傘的尾端裝上一個迷你鞋拔，這個設計應該可以獲得專利吧？小孩聽見我說的話，感到非常新鮮忍不住拍手叫好，看上去也很喜歡這個想法。

我們討論著各式各樣將鞋拔掛在雨傘上的點子，忙得不可開交，甚至忘了送別我先生。

我們在網路上找到了專利代理人，進行了諮商，接著用電子郵件將小俊的設計圖發送過去。幾天之後，代理人回覆說日本已經有人將類似的創意，提出國際專利的申請了。

「小俊，你看看。雖然這個想法看起來很天馬行空，但是已經有日本人提出專利申請了。」

雖然我們晚了一步，但是**經過這件事我們發現，用自己突發奇想的創意來申請專利一點也不荒唐**。後來，我們聊天的時候，只要想到什麼發明的點子，就會睜大眼睛望著對方，然後大呼小叫。

「對，就是這個！很了不起的創意欸！我們要不要用這個來申請專利啊？」

某日，小俊幫忙將米倒進大桶子中，但米粒一直撒出漏斗。小俊一邊撿起米粒、一邊喃喃自語抱怨。沒想到下一秒，他突然驚呼：「媽媽，等一下！這就是發明的距離。」

米才倒到一半，我們突然仔細研究起漏斗。我們分享著彼此的點子，雖然實際嘗試過各種方法，米粒撒得到處都是，但我們還是開心地看著彼此大笑出聲。我先生驚訝地看著我們，不明白為什麼這對母子每天都這麼開心。

孩子的想像真的成為專利

最後，小俊在四年級的時候達成一個成就，就是在學校獲得了發明創意金獎。一日早晨，我正在晒衣服。快到小俊出門上學的時間，他才哭喪著臉說學校的發明大會作業還沒做。

「已經沒有時間了，你拿著這個晒衣架想想看。發明的創意就是從發現某個物品使用上不方便的地方，思考並著手改善開始的。」

我們以晒衣架為主軸，思考有什麼點子可用。忙碌的人也許會想要一個可以腳踩啟動的衣架。衣架上端的掛鉤框架上如果沒有橫向支撐的支持棒，晒好的衣服就可以咻一下掉下來的新革命超速晒衣架，只要腳踩就可以啟動的結構。我們還設計了飯店用的大容量晒衣架，沒想到我們匆忙之中發想的創意，讓小俊在發明大會上得到了金獎，成績十分驚人，發明班的老師還稱讚小俊。

我一聽到小俊得到金獎的消息，立刻打電話給專利代理人。結果**這個晒衣架還真的申請到了專利權，小俊正是這項專利的權利人**。

第二件發明物是他五年級參加發明大賽提交的作品，是我們以書籍為主題構思發明的創意。為了能夠更方便地使用書籍，我們將許多文具用品寫下來，將便利貼、原子筆、螢光筆、卡片或學生證等物品收納的空間，以及在任何地點都能打開的圖書三腳架等等，做出能將上面這些東西都裝進去的拉鍊型書套。這次也是瞄準金獎設計的，可惜最後只獲得銀獎。

以發明家的視角看世界的話，足以申請專利的創意就會時常在腦子裡不停地冒出來。我也經常對孩子說：**「世界上沒有全新的創意，所以在既有事物上附加一個創意看看吧」**。想想看有哪些東西，雖然彼此是不同的物品，但如果放在一起使用就會變得很方便。把這些物品結合在一起也是一種創意，就像手機跟電腦相遇之後，就會變成智慧型手機。只要多多練習這樣思考，總有一天能夠想出世界上還沒出現的偉大發明。」

相較於成年人，小孩子沒有成見，所以時常想出更加獨特、更加奇怪、更具有創意性的點子。每當小俊提出一個發明點子，我就會睜大眼睛傾聽他的話，一邊點頭一邊給予支持。

「哇，你的想法真的很了不起。媽媽也是這麼想的，我們一起發展一下這個點子怎麼樣？」

我們只要想到任何點子，就會為了提出專利申請做足準備。**整理好點子的內容後，我就會在孩子面前打電話給專利代理人，因為讓小俊參與通話的過程也是一種機會教育。**

為了孩子的未來所埋藏的寶物

將好的想法註冊為專利，與為了孩子的未來事先準備的存款沒有不同，因為這些東西未來有可能成為孩子實際創業時，營運的項目或商品。

「日常生活中遇到不方便的事情時，就想想看有什麼改善的方法。這樣才能去申請專利。**就算只是販賣創意也沒關係，我們沒有必要親自把東西實際做出來。**」

我們平時為了訓練創意開發的能力，經常進行這樣的對話。小孩以生產者心態提出發明或專利時一點也不膽怯，駕輕就熟地說出自己的想法。我做的事情就是把小孩的創意整理好，再轉達給專利代理人。

我突然想起幾年前，小俊曾經想出一個點子，就是以零錢的大小來區分的小豬存錢筒。**再小的創意我都會認真傾聽**，然後一邊哈哈大笑一邊將這些創意整理好並申請專利。事實上，我們的分隔存錢筒取得兩個設計專利。

後來，每當小俊提出點子的時候，我都會立刻記錄並整理起來，寄給專利代理人。老實說，專利代理人應該覺得很煩，不過**為了小孩的未來，也為了確保這些可能會成為寶物的創意，就算感到抱歉，我也要立刻執行！**

除了專利以外，小俊還將自己的 YouTube 頻道「小俊人」用自己的名義註冊商標權。我告訴小俊，**幫自己努力製作的內容與未來的事業，提前註冊商標保護屬於自己的東西，是非常重要的事情**。孩子學到如何在這個世界上游刃有餘的實用生存技能，並且在過程中獲得不少樂趣。

TIP

和孩子一起專利申請的方法

①無論是什麼物品，發現使用上有不方便之處，就去找出問題的根源。

②重新結合和現有物品不便之處的改善方案。

③就算只改善一處，也是一種發明。

④完成發明創意後，整理文字和圖片。

⑤將成果用電子郵件寄給專利代理人，確認是否能申請專利。

⑥提交專利註冊申請。

（編按：在臺灣可自行申請專利，或是請專利師、專利代理人及律師，從事專利代理行為。詳情請上「經濟部智慧財產局」查詢。）

TIP 和孩子一起註冊商標權的方法

① 創造出本人的營業場所或內容名稱。
② 將這個名字輸入檢索欄。
③ 向商標代理人確認能否註冊商標權。
④ 提交商標註冊申請。
（編按：在臺灣可自行申請註冊商標，附上書面資料並載明申請人、商標圖樣及想要註冊的服務和類別，向經濟部智慧財產局提出申請。詳情請上「經濟部智慧財產局」查詢。）

3 韓國傳統遊戲。用色紙摺疊成有厚度的方塊狀，若攻方的畫片擊中守方的畫片，並且將對手的畫片翻面或擊出界即勝利。比出勝負後，輸家必須將畫片送給贏家。

從「小俊哇嗚店」到直播帶貨

無論大人或小孩，都要創造多元收入

濟州島上能在疫情橫行的時代中生存下來的企業，大多是可以外送的餐廳，或是用快遞寄送商品的網路商城。反而像是我們家這類的營業場所，所有需要與人面對面的產業都受到極大的衝擊。

即使城邑樂園原本只有十五名員工，也不得不縮編其中的十名職員。由於員工大多為外地人，所以幾乎選擇回去自己的故鄉。畢竟這種非常時期，在濟州島這樣的觀光勝地工作，他們的家人也會感到非常擔心。

銷售額大幅減少帶來的影響也十分巨大。二〇二〇年的銷售額比前一年少七〇%至八〇%，我們處於經營赤字的狀態卻不能因此關門，著實令人心情鬱卒。即使身處恐怖之中，也不願失去希望，艱難地堅持著一切，就算來客零星、生意起伏不定，我們也繼續開門營業，也趁休息的日子裡花時間整頓設施。為了在樂園的庭院中建立一座露天咖啡廳，我每天忙著種樹並在廣場上鋪滿草皮。這是為了因應新冠肺炎爆發後的新世界所事先準備。在梅雨季節來臨之前，我在春日暖陽中勤懇地工作、種植樹木。

面對這突如其來的危機，讓我們深刻意識到擁有多元化的收入管道，以及分散投資的重要性。如果我只專注在城邑樂園的工作上，遇到新冠肺炎這樣無法預測的狀況時，生活一定會受到很大的影響變得岌岌可危。

多元收入看起來好像是成年人才會談論的話題，但實際上並不是如此。我甚至告訴小俊，生活在這個時代我們需要具備賺錢的能力，而且不能只有一種。

小俊也意識到新冠肺炎帶來的危機。迷你玩具車販賣店中斷營業，飲料自動販賣機收入銳減，而且還必須定期支付電費。為此，小俊建構自己多元化的賺錢方法，就連近期的股票投資也是為了克服這個問題。

好在小俊已經養成挑戰新事物的習慣，不會因此停下腳步而是繼續挑戰各種工作，增加收入來源。

尋找在家就能做的生意

生平第一次遇到新冠肺炎大流行這樣的事件，正如前文所提到的那樣，我們曾短暫關閉遊樂園，但關閉才一個星期就讓我相當痛苦與害怕。

當時的生活就像躲在避難所一樣，全家人只敢待在家裡。打開電視就會看到新聞整天播報全世界陷入新冠肺炎與戰爭之中的新聞。這對於做生意的人來說，壓力實在太大了。

「小俊，這樣下去我們的店要完蛋了。開業至今為止，我們從來沒有休過長假，這是第一次遇到必須關門長休的狀況。而且我們還要發薪水給員工，未來一片茫然，這次真的糟糕了。」

我管理遊樂園有十四年之久，加上我公公之前經營的時間，按年頭算也經營了四十年，這樣的危機還真的是第一次遇到。**對於家中面臨的經濟狀況，我從不會對孩子閉口不言，因為孩子必須清楚狀況才能在面對困境時，做自己能力所及的事情，與家人一起克服難關，同時也是培養理財能力的方式**。

我們迎來以數位世界為中心的新冠肺炎時期，並在其中尋找屬於自己的位置。在城邑樂園始終無法重新開始營業的情況下，我們認真地討論各自能夠做的事情。

「媽媽，我們沒辦法離開家裡，那乾脆在家裡做些什麼吧！」小俊提出自己的意見。

在家裡就能經營的生意，也只有網路商城了。

「好，我們就來試試看吧，總不能坐以待斃。」

不過，遊樂園是提供觀光客休閒體驗的地方，顧客必須親自到現場，才能體驗騎馬之類的活動我們才有收入。所以，我們沒有能放到網路上賣的東西。

「就算遊樂園裡沒有可以賣的東西，我們也要找找看身邊能賣東西。」

由於心情鬱悶的緣故，我無法什麼事情都不做，於是決定和小俊一起尋找我們可以銷售的東西。

我的姊姊經營的濟州島土產店因疫情無法開業。在疫情爆發前，店裡的生意非常好，姊姊還在店內販賣自己做的手工洗髮精，那個洗髮精的成分很棒，我們家也很愛用。

於是我們在網路商城中，上架了姊姊的手工洗髮精和濟州島特產的巧克力。小俊成為洗髮精的模特兒，在浴室裡認真拍攝影片，已經上幼兒園的妹妹也拿著洗髮精跑來跑去，大家忙得不可開交。整個過程小俊非常敬業，在頭上揉出泡沫再沖洗頭髮，完成產品宣傳影片。

我們如此用心製作並上架商品，可惜只賣出了七瓶。一個月後，我們放棄了洗髮精的買賣。

販售自己喜歡的事物

「濟州島特產不適合拿來賣嗎？那還能賣什麼呢？小俊，我們從國外進貨來賣看看？」

因為當時不能出國，所以海外代購非常有人氣。

我們立刻尋找代購中國商品的方法，但實際接觸購買後，發現這種方式不太適合我們。於是，我們繼續尋找其他方法。

網路商城的生意不如預期，但是我與小俊一起學習、嘗試各種不同的事情，一起尋找可以販售的商品，這個過程對我而言是非常好的經驗與學習。

「要怎麼做才能賣出東西呢？」

我就是在這個時候，開始從網路上認真學習經濟相關的知識。就算我經營了十幾年的事業，也必須適應這個迅速變化的世界。為此，**我也開始找一些關於後疫情時代、未來產業相關的講座來聽，重新開始自我進修經濟與事業。**

居家期間的某日晚餐時間，我們正烤著濟州黑豬肉吃，小俊一邊吃著烤肉，一邊說：「媽媽，濟州黑豬肉不管怎麼吃，都很好吃耶！對吧？我們來賣賣看黑豬肉如何？」

聽孩子這麼一說，我才發現確實如此，之前只想著從遠處引進商品販售，但在濟州島上，到處都有黑豬養殖場跟加工廠。可是，該選擇哪一間黑豬肉業者才好，這讓我們傷透腦筋。我們只是買黑豬肉來吃，對黑豬肉品質之類的知識一竅不通。我向身邊的人訴苦，就這樣苦惱許久之後，終於找到合適的豬肉加工廠。

約好初次會議的那天，剛好遇到颱風天。一般來說，我都會帶小俊一起去工作場所，但是這次颱風來得實在太猛烈，我只好獨自前往。

當天有種突破強風逆境的氣勢，會面很順利的結束。豬肉加工廠願意嘗試看看寄售的合作方式，我們在網路商城中販售黑豬肉，將收到的訂單傳給工廠，由工廠出貨給我們。

簽約的那天，小老闆小俊也一同前往。為了將孩子親自簽約的歷史性畫面留下成為影片的拍攝素材，我在一旁努力地進行拍攝。

開店低成本，小學生店長的銷售技巧

我們在 Naver Smart Store 架設一間新商店，以「我們只賣小俊吃完會『哇！』一聲驚嘆的商品」之意，將商店命名「小俊哇嗚店」。因為是跟兒子一起經營的事業，所以我們會不斷地開會。

我跟小俊從商品說明的文案草稿開始，一行一行寫下來。一開始我們連黑豬肉的部位名稱都搞不清楚，向豬肉加工廠的老闆詢問好幾次，甚至還將對話錄下來。就這樣，我們修正了商品詳細說明的網頁數百次，光是上架一件商品就花了一週的時間。

我們也不清楚 Smart Store 的營運結構，還在網路上尋找線上課程學習。我們為了設定商品選項，也是吃盡了苦頭。跟小孩一起看線上課程，增加商品選單、增加運費等等，每一件事都一路學習過來，就這樣掙扎徬徨了幾個月。

我們在拍攝商品照片上也是錯誤百出。起初，我們委託專業的攝影公司拍商品照片，但是收到成品以後，發現照片中沒有展現出自己的特色。於是開始研究其他店家的照片。就這樣不斷反覆經歷失敗，光是搞定攝影又花了一個星期的時間。

後來，因為小俊還是未成年人，很難申請到公司營業許可證，只能在我名下的企業下增加營業項目，然後前往事務所及銀行申請登記為通訊買賣業。最後才能在Smart Store申請登錄「小俊哇嗚店」，正式開啟小俊的第一個網路商城店面。

我們在準備「小俊哇嗚店」開幕的時候，也感受到成年人與青少年的組合所產生的化學反應。雖然我知道小俊很有做生意的天賦，但還是對他展現出的能力感到驚訝。

大人有許多知識與經驗，小孩則是腦袋靈活，搜尋網路資訊十分有一套。現在的小學生非常聰明，找資料的動作十分迅速，我不禁在心中不停驚嘆。原來小俊並不是單純擅長玩電腦遊戲，活用電腦的能力也非常優秀。我再次明白，**雖然小孩知識或經驗比不上成年人，但若因此忽視他們的能力，那是非常愚蠢的態度**。

濟州黑豬肉的販售從二〇二〇年九月初，大約是中秋節前兩週開始的。由於我們訂購的黑豬肉是當天凌晨捕捉後，早上十一點開始配送，所以取名為「凌晨黑豬肉」。在收到我們的黑豬肉後，建議先放幾天再吃，等肉熟成後味道更好。幸虧身邊的親朋好友捧場，中秋檔期的銷售額達到五百萬韓元（約新臺幣十三萬元）。但是，這種親友效應在兩個月左右就差不多結束了。

不過，一些和我們有交情的網路名人，在自己的部落格上宣傳我們的產品後，顧客就漸漸多了起來，甚至出現回購的常客。我的部落格與 Instagram、小俊的 YouTube 頻道上，全部放上「小俊哇嗚店」商店連結，希望觀眾不管從哪個平臺進來，都可以看到「小俊哇嗚店」。相互連結之後，合作效應也漸漸出現效果。

就這樣，Smart Store 開店四個月後，終於獲得「力量等級[4]」了。我們在春節期間的生意非常好，一天的銷售額甚至可以達到三百萬韓元。

訂單多的時候，我會和小俊早早前往豬肉加工廠，仔細確認顧客的訂單，並且一起完成真空包裝。隨著網路商城的經驗累積，我們的包裝方式也升級了。一開始只是真空包裝寄出，但後來發現其他企業的包裝方式跟我們完全不一樣，包裝上貼滿自己特色的貼紙。

於是我們蒐集黑豬肉販售公司的包裝貼紙，把這些貼紙貼在牆壁上，我跟小俊每天坐在牆壁前面，一邊觀察一邊分析，了解到包裝外箱應該要貼一張大貼紙，而肉品包裝上則要貼上標示部位的貼紙。

如果想要製作包裝用的貼紙，必須先有設計。每家設計公司的報價差異頗大，但我們其實沒有太多的預算。因為**這家店是用寄售的經營方式運作，我想要藉機教導小俊，不用花大錢也可以經營公司**。

深思熟慮之後，我們決定在自由接案者網站 Kmong 上，找收費較低的設計師幫我們設計貼紙。這裡有各個領域的專家，會親自宣傳自己的公司或工作室，販售自己設計的商品。聯繫自己喜歡的貼紙設計師，確認好流程與費用後，我們和設計師來回討論好幾次，最終才完成貼紙的設計。

貼在外裝表面的大貼紙、放在箱子裡的名片貼紙、黑豬肉與白豬肉的部位標示貼紙等三種，還有服務貼紙等等，全部的設計費用為十五萬韓元（約新臺幣三千八百元）。完成設計之後，我們委託住家旁邊的印刷公司製作。各種貼紙的印刷費用，總共花費了三十二萬韓元（約新臺幣八千一百元）。這段時間銷售黑豬肉的收益，都拿來支付這次製作貼紙的費用。

貼紙完成後，我們的黑豬肉擁有全新的帥氣包裝。我們確定好貼紙在包裝箱與真空包裝肉品上的位置後，到豬肉加工廠要求對方根據我們的需求，一件一件試貼給我們看。

如果想要自己的事業有所成就，最重要的就是商品價格必須要有競爭力。買一件小東西也要比較價格，這就是消費者的心理。**比其他公司價格低廉，品質也要好，所以我們決定用合理的價格販賣品質優良的商品**，幫「小俊哇嗚店」打好口碑。後來每個月的銷售額，達到兩百到六百萬韓元左右（約新臺幣五萬到十五萬元）。

靠直播帶貨，隨時賺取零用錢

在 Smart Store 中小俊也身兼導購人員，親自現場直播銷售產品。這是只有達到「力量等級」的店家，才能以網路直播的方式進行銷售。

直播帶貨最大的優點就是，無論何時何地，只要有智慧型手機，就可以進行直播。我們還直播賣過凸頂柑，直接在凸頂柑倉庫接收訂單，然後一箱一箱包裝好出貨，凸頂柑的銷售量大增。

不一定要學習別的導購人員的講說方式，才能直播帶貨。但初期我們仔細觀察其他店家的導購人員是怎麼說話、怎麼行動，用什麼方式引導購買行為，將必須要傳達的內容寫在紙上，確認後才開始直播。**只要實際行動後，就會自然而然找到自己的作法**。

小俊在直播的時候，有很多觀眾都會留言問他幾歲？是不是網路商城真正的老闆之類的問題。大概是因為他的年紀很小，所以大家感到新鮮。每當小俊想要更多的零用錢時，就馬上打開直播賺零用錢，這真的是件幸福的事情。正是因為這是一間低資本的商店，只要打開手機隨時可以賣東西賺錢，還能即時與人互動溝通，實在是非常有趣。

銷售黑豬肉時，小俊獨自一個人負責導購，整整一個小時都沒有休息，一邊烤肉一邊吃，同時還要推銷產品。身為母親的我則是在一旁準備食材與道具，同時確認直播有沒有順利播出。黑豬肉銷售直播大多在晚上進行，所以小俊十分滿足地說，他可以一邊吃晚餐一邊賺錢。

賣好一項商品，生意跟著變多變好

「小俊哇嗚店」逐漸穩定下來，雖然主要販賣黑豬肉，但是其他產品的銷售委託提案也持續增加。

最近收到濟州島特產奧米奇年糕[5]的銷售委託。我跟小俊一起到對方公司開會，那間公司的員工興奮地告訴我們，他們看了小俊的新聞與影片，很高興我們能參加銷售。小俊親自試吃年糕並說出自己的想法，這可讓對方公司的老闆很訝異，一直笑著稱讚小俊很特別。

就連負責濟州島物流的二代年輕老闆也來了。濟州島最大的物流企業老闆是她的父親，而她跟在父親身邊以打開濟州島物流的利基市場而聞名。雖然她比我還年輕十歲，但是我早在兩年前就看過有關她的報導，還做成簡報收藏，希望有天能夠見一面。我告訴小俊，這是一個攻占利基市場的成功案例。**事業的成功與否，年齡及性別都不是問題。**

就算孩子年紀還小無法全部聽懂，但他們會跟著父母的腳步、表達自己的意見或想法，小俊就常常說出比我想得還棒的想法。因此，在與其他公司進行會議的時候，**我會引導小俊不要只是在旁邊觀看，更要主動參與會議。**首先，我讓小俊親自提問，如果有需要補充的事項，我才會在最後補充提問。此外，我也將小俊積極討論的樣子，拍成照片及影片。

將危機變成轉機，找到自己的賺錢方法

我們受到疫情的影響，待在家裡的這段時間就這樣嘗試、挑戰了各式各樣的事情，過得忙碌又充實。回顧世界經濟史，經濟危機每隔幾年為週期到來，就算度過這次的危機，下次它也會以其他面貌重新找上門。

在世界性的經濟危機中，我們跟孩子一起思考家庭未來生活的方向，分享彼此的資訊找出解決方法。如此一來，日後小孩獨自闖蕩世界再次遇到危機，我相信他都可以藉由經驗獲得充滿智慧的解決方法，更加快速地克服障礙。

在ＩＭＦ經濟危機下躍升成有錢人，不只是其他人的成功故事。也許，經濟危機就是訓練小孩成長的絕妙機會。如果能幫助他們提前體驗、學習並做好準備，我們的孩子也可以成為成功故事的主角。

如果小孩想要在網路上開設商店，申請所需要的文件應該由父母準備。之後，從上傳產品開始和孩子一起參與，再一個一個建立商品就好了。上傳第一個商品可

能困難又複雜，但只要完成第一個，後面就可以用「複製模式」輕鬆上傳產品。只要一開始認真上傳產品，通常不會有太大的問題。因此，就算起初多少有些難度，希望大家也不要輕易放棄，一定要堅持到底。

雖然透過買賣增加收入是一件好事，但最棒的是讓小孩在數位世界裡，**親手創造、經營屬於自己的商店的過程，成為他人生中珍貴的經驗財產**，這才是我推薦的原因。

---

4 Naver Smart Store 中，滿足一定條件的店家可以獲得「力量等級」並被視為優良店家。

5 一種濟州島特有的年糕，以小米、黃豆、紅豆等材料製成。

透過網路，讓世界看到自己

由孩子開啟的新時代

小俊在小學一年級時創立「電磁玉米」頻道，那段時間他十分投入製作影片當中，當時的我完全無法理解。即使我在一旁觀看拍攝的過程，也看到小俊上傳的其他影片，我的想法還是沒有改變。我知道他獨自在房間角落拍攝好幾支影片上傳，但是沒有獲得什麼回響，所以我對此沒有產生太大的興趣。訂閱者沒什麼增加，也沒有合適的影片內容，小俊一個人承受所有的茫然與艱辛。因為當時我不太清楚

YouTube到底是什麼，只覺得這樣下去結果也就不了了之。

小俊升上三年級後，某天他的堂兄弟來家裡玩，孩子們躲在房間裡認真看著手機，嘻嘻哈哈笑著。我很好奇他們在看什麼，因此上前確認了一下，沒想到看到令人震驚的一幕。他們看的影片沒有人聲，只有某人吃東西的畫面和聲音，也就是ＡＳＭＲ。竟然會有人覺得看別人吃東西，聽別人發出的聲音，是一件有趣的事情，我覺得真是太奇怪了。

「孩子們，你們為什麼看這個影片啊？到底有什麼好看的呀？」

我發自內心感到好奇，忍不住問他們。其中一個姪子睜著大大的眼睛回答我。

「嬸嬸，這個很好看耶！安靜地看影片、聽聲音，就會覺得很舒壓。」

這個回答我還是無法理解，難道我才是奇怪的人嗎？只有我不懂個中滋味嗎？

我必須搞清楚原因，於是坐下來跟孩子們一起看「別人吃東西」的影片。

透過網路，讓世界看到小俊的才華

不管怎麼看，我真的看不出有什麼好玩的。但看了一會兒後，我發覺必須要改變自己的想法。

「如果年輕世代覺得這種東西很有趣，代表這是一股潮流。那麼，我應該學習接受才是。」

但要接受小孩整日看網路影片，並不是一件容易的事。可是無條件阻止也不是一個好辦法，看來我們需要認真溝通。沒想到，小俊不只是單純看看影片而已。

「媽媽，我想要當有名的 YouTuber！」小俊這麼說。

為了釐清小俊想要成為 YouTuber 的理由，以及確定影片製作的概念和風格，全家人多次聚在一起討論開會。

小俊想成為綜藝節目主持人，從他的氣質與才能來看，他充分展現出天賦與可能性。我們一致認為他自己規劃、拍攝、上傳的獨立製作影片，是小俊能夠向世界宣傳自己才能的好方法。我們夫妻相信小俊，決定支持孩子實現夢想。因此，後面我們將分享孩子應該親自執行的事情，以及父母可以協助準備的事情。

父母要與小孩一同成長

我事先為小俊準備的東西如下：

- 將小俊的手機換成最新的智慧型手機
- 將小俊的手機資費方案，變更為網路吃到飽
- 為了讓小俊不受廣告干擾、盡情觀看影片，加入 YouTube Premium 會員

小俊藉由觀賞各種 YouTube 頻道的影片，研究適合自己的概念與角色，每當他有什麼新的點子，都會寫下文字說明再用聊天軟體發給我，這樣我們隨時可以開會

討論。為了創造豐富的內容，他還學習必要的音樂劇、跳舞、運動、料理與化妝等等知識。

就這樣，「電磁玉米」頻道結束了，十一歲的時候重新以「權俊TV」開始。對如此注入野心勃勃的「權俊TV」而言，比企畫與攝影還要困難的是剪輯。由於我們不具備剪輯技術，因此很難展現出我們企畫的意圖，當時真的做了一些製作很不成熟的影片。影片剪輯需要下很多功夫去學習，而我平時忙於工作，就連在家都忙著教育小孩，很難抽出時間學習。直到小俊升上五年級時，我認為不能再繼續拖延下去，便開始認真學起剪輯影片。

最簡單的剪輯方式，就是直接用手機編輯。在網路與書籍的助力之下，我花了六個月時間獨自學會影片剪輯，編輯實力漸漸提升，最後甚至可以去外面講授「如何利用智慧型手機來剪輯影片」的程度。其實，我還真的收到某個機關邀請我去主講為期六個月的課程，但因為我正忙著其他事情，最終沒有接下這個邀請，但我還是覺得很高興。在追隨小孩夢想的過程中，我也成為了領先的人。

自己親身經驗，是他人無法模仿的內容

「權俊TV」是展現小俊各種綜藝才能的作品集頻道。因此，很多時候需要活動身體表演，不管是在炎熱的天氣或寒冷的季節中，他會在家外面又跳又滾，甚至還要跳舞、唱演歌，有時候也會穿女裝演戲，還嘗試過拍攝日常生活的Vlog……，不管拍什麼內容，他都非常努力。

然而，訂閱人數依舊沒有增加。我們很煩惱也不知道問題出在哪裡，只好請教一些有經驗又成功的前輩，尋求建議。

有許多YouTuber分享各自的訣竅之外，聊天的時候也會幫忙提出一些主題的建議。在這個過程中，**我們也了解到創造出他人難以模仿、只屬於自己的差異化內容才是最重要的事情**。雖然小俊作為預備演藝人員，已經擁有豐富的才氣，但是在網路上，擁有這種夢想與才能的人數不勝數，想勝出的決勝點就是內容。

我們必須以小俊的獨特經驗為基礎，創造出獨一無二的影片內容。我發現小俊

身上散發的小大人氣質，一點也不像個十三歲的孩子。最重要的是，小俊對於錢的想法和感覺與眾不同，曾讓所有人都為之驚豔。因此，最後我們得出的結論就是，以這個特質當作影片的核心概念。

小俊與其他小孩子不同，小時候體驗過非常多采多姿的經濟活動，一步一步累積起來成為自己獨特的資產，因此小俊可以很有自信的像湧泉一樣，不斷提供自己的故事。以十幾歲的青少年為主的理財頻道，才是小俊應該做的節目內容。

「沒錯，之前做的事情都是在練習！」

小俊自信滿滿地建立了新頻道「小俊人」，接著我們將書房改造成一個居家攝影地。書房裡面準備好所有的拍攝工具，無論何時進去都不用另外設置照明燈或調整照相機的位置，馬上可以進行錄製影片。

我們做好萬全準備，現在小俊終於可以向世界訴說自己的故事，包括孩童時期在媽媽工作場所的收銀臺後面，將自己親眼的所見所聞和經營生意的故事，以及金錢管理與經濟見聞。小孩掌握著大方向的主題，尋找與自己的經驗有關連的資料來補充，寫完劇本的草稿後我再幫忙校閱、修正，最後進入拍攝的階段。

這番努力的成果，造就現在的小俊。小俊出現在媒體上，打開了夢寐以求的電視節目的大門，還遇到了他十分敬重且與自己投資風格相似的夢幻導師——約翰・李。

在其他人的眼中，因疫情導致股價暴跌的市場中，不論是誰進場投資都可以有不錯的收益率，小俊也不過比別人稍微表現好一點就沾沾自喜。但我希望大家能明白，**早在小俊股票投資出名、在「小俊人」頻道上分享自己買股票過程的影片之前，就已經經歷了漫長且努力不懈的經濟活動，不斷嘗試且從未放棄，這段時間付出許多努力**。

「兒子啊，不要放棄。每天都要認真思考、不斷嘗試挑戰，一定會出現比現在更閃耀的一天。你一定做得到。」一直到今天我也持續鼓勵小俊，希望他保持積極的動力。

TIP

如何成為像小俊一樣的 YouTuber

①首先，建立 YouTube 頻道。

②不論結果好壞，重點是立刻行動拍攝影片。

③用手機剪輯 APP 進行簡單的剪片。

④將影片上傳到 YouTube 頻道。

⑤若訂閱人數沒有增加，可以向成功的 YouTuber 前輩詢問意見。

⑥吸取他人的建議和知識，運用在自己的影片上。

⑦不輕易氣餒，多方面嘗試、堅持下去，這才是最重要的地方！

TIP

「小俊人」頻道製作影片的過程

・企畫及草稿準備時間：二、三天
・攝影與剪輯需要時間：一、兩週
・準備工具：智慧型手機、麥克風、照明燈、三腳架

① 企畫影片主題。
② 尋找、學習拍攝的主題與相關資料。
③ 以自己的經驗與資料為基礎，撰寫原稿並修改。
④ 準備拍攝主題需要用的道具。
⑤ 將手機固定在三腳架上拍攝。
⑥ 按照故事流程用剪輯程式將影片剪成片段。
⑦ 剪輯完成的片段，進行細部編輯。如上廣告宣傳短片、效果音、字幕、音樂等等。
⑧ 製作 YouTube 上顯示的影片縮圖。
⑨ 將影片上傳到 YouTube。
⑩ 最後，將影片縮圖上傳。

TIP

剪輯影片的工具

・YouTube 影片剪輯：KINEMASTER
・字幕、封面縮圖字體：砰砰字體
・宣傳用廣告短片、開頭影片、結尾影片、頻道版面設計、商標製作：MELCHI
・頻道版面設計、商標製作：CANVA
・照片去背：Background Eraser
・照片美化及修圖：Photo Wonder
・此外，思考企業形象需要的靈感與參考資料：Pinterest

十二歲的小俊正在認真管理飲料自動販賣機。

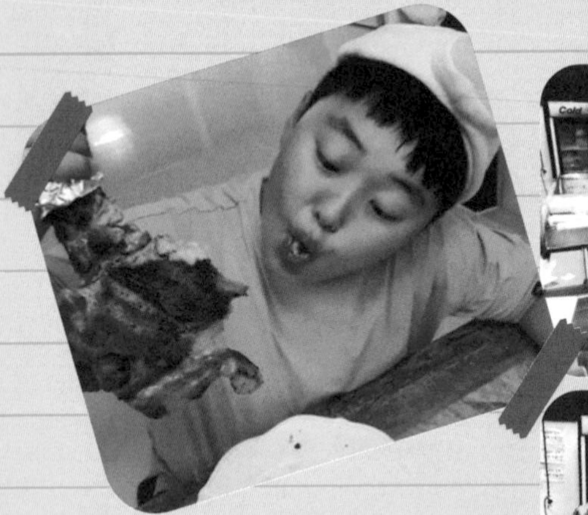

十三歲的小俊經營「小俊哇嗚店」透過直播帶貨販售黑豬肉。

七歲的小俊前往首爾批發市場，親自挑選迷你玩具車。

九歲的小俊為了宣傳迷你玩具車，所製作的競技場賽道。

十一歲的小俊在迷你玩具車包裝上，貼價格標籤並陳列上架。

第三章

賺大錢，從有小錢開始！

零用錢是不勞而獲的？

獨立的小孩賺取零用錢的方法

有個認識很久的熟人聯繫我，希望我可以讓小俊跟他的孩子見面，互相認識順便讓孩子跟小俊學習理財觀念。為了促成兩個孩子見面，雙方決定安排他們去遊樂園玩。接近約定日期的時候，小俊對我說：「因為我年齡比他大、我是哥哥，所以我想請弟弟吃好吃的午餐，雖然要花一些錢。」

想要做好哥哥的樣子著實難能可貴。

「很棒的想法耶！那就用你的錢來請客吧？」

「嗯，好啊！」

小俊將自己在「小俊嗚哇店」中賺到的錢領出一部分。這是他除了將利潤捐贈給慈善機關之外，第一次領錢出來。

但是，那天晚上小俊告訴我一些事情，有些出乎我意料之外。

「我本來想要請客吃飯的，但是弟弟的父親卻說餐廳已經預約好，也先預付完飯錢了。」

小俊不但收到遊樂園中賣的可愛髮箍、大型玩偶與氣槌之類的禮物，對方也支付了當天所有費用，雖然玩得很開心，但也因此嚇了一跳。不久之後我們上門拜訪他們的家，弟弟不但有小俊一直很想要擁有的遊戲機，也有很多遊戲片，讓小俊再一次驚訝不已。小俊表示自己很想要獲得那個遊戲機。

「小俊，如果你真的很想要遊戲機，那你必須努力做家事賺錢，然後用賺來的錢買，怎麼樣？」

然而不管怎麼計算，獲得的報酬似乎買不起那臺昂貴的遊戲機。孩子開始認真考慮應該要怎麼做，才能夠多賺一些零用錢。**當出現自己想要的東西，就思考怎麼賺錢來買，這就是夢想經濟獨立的十四歲少年**。

一個月後，小俊終於買到遊戲機。靠「小俊哇嗚店」開直播帶貨，努力販賣凸頂柑及黑豬肉所賺的錢買的。小孩想要購買遊戲機的心情十分迫切，因此在直播中非常努力銷售。每當需要很多零用錢時，他就會打開直播，變身為十幾歲的直播帶貨主小俊。

教導孩子「錢絕對不會從天而降」

小俊從小學五年級開始，就自己賺取零用錢，自此之後幾乎沒有向父母伸手拿錢。**我的家庭理財教育原則就是：錢絕對不會從天而降**。

當然，有時候也會自我懷疑，讓孩子們關心錢、擔憂錢的事情，是否會汙染他們純真的童心，我是不是把一切想得太理所當然。但為了維持一個家庭，父母絞盡腦汁思考如何省錢，再小的東西也會比較價格，考慮過性價比之後，以最實惠的價格購入。偶爾遇到收入不夠的時候，父母不得不減少生活費的支出，難道我們真的不該讓小孩知道父母這些辛勞嗎？**擔心財務問題對小孩百害而無一利，就可以不管父母怎麼賺錢、怎麼省錢，只需要天真爛漫地活著就好了嗎？這真的是為孩子們著想嗎？**

經歷過貧窮幼年期的父母，對於錢的話題尤其避之唯恐不及。但是冷靜想想，不管本人對錢有沒有興趣，**作為一個生活在現代的人類，沒有人是不需要錢的。**幸**福無法只靠金錢滿足，但有錢可以讓幸福變得更完美**，這是無庸置疑的事實，難道不是嗎？

「錢沒有大小之分」這是我一直對孩子們說的話，**懂得珍惜小錢的人就能夠賺大錢，也能夠學會如何正確地使用金錢**。哪天要是碰上利潤豐厚的機會，卻因為沒有足夠的投資金，眼睜睜看著大好商機流失，這是多麼常見的事呢？

父母要為養老做準備，孩子你要自己賺零用錢

每當小俊沉迷玩具時，無論東西多麼便宜，我都不會立刻買給他，而是讓他用生產者觀點重新思考，並告訴他買了玩具後所失去的機會成本。

就是因為這樣，對孩子而言，未來的時間相對來說較久遠，將小錢變成大錢的機會很多。**存到的資金如果遇到好的投資機會，就會成為賺大錢的種子基金。**

小俊沒有為了賺零用錢，就只顧著做生意賺錢，也會努力節省小錢。小孩說，自從沒有領零用錢開始，他會思考如何賺錢存錢。**因為沒有錢，所以對「錢是什麼？為什麼沒錢生活這麼不方便呢？」等問題更加認真思考。**

因為少了固定零用錢的收入，自然而然會更加謹慎使用小錢並思考賺錢的方法，挑戰許多不同的投資賺錢，等遇到好的投資機會時，那些努力賺來、節省下來的錢就可以累積成種子基金，因此被稱為「大錢」。

如果父母不能為孩子的一生負責，沒辦法提供資金與各種支援的話，越早和孩

子討論金錢越好。**為了讓孩子靠自己賺錢、存錢，藉由理財訓練實現經濟獨立，從小就要教育他經濟觀念，這不僅是為了小孩子，同樣也是為了父母自己。**

我為了準備自己的退休生活，也會帶著小孩去旁觀理財的過程，並詳細說明給他們聽。

小小生意人變身「買賣之神」

懂買賣是傑出的才能

小俊不是成績非常優秀的學生，但是在藝術、體育方面有一些天賦和興趣，但令人意外的是，他從小算數就非常快，現在數學成績也很好。小俊五歲的時候，我帶他到跟朋友聚餐的地方，他會算好各自要支付的餐費，然後告訴大家。

「上次是阿姨買單的，這次該輪到媽媽了。」這句話讓所有人哄堂大笑。不但算數快還懂得經商之道的小俊，在做生意上展現出他的天賦。我認為相較於擅長國英數，**擁有商業天賦是一種突出的才能**。

小俊就讀的小學經常舉行義賣會。他在義賣會上盡情發揮自己的才能，被老師們讚譽為「買賣之神」。這種稱讚和認可對小朋友來說，會成為非常重要的契機。

累積小錢打造種子基金，將錢投資在股票上增加財富，聽起來簡單但過程往往不會那麼順利，整個投資理財過程中有錯誤有失敗。在這當中有學習或領悟到的東西，**就是「失敗是教導孩子思考其他可能的另類老師」**。在學校中做生意備受稱讚的小俊、孩子氣地認為一千韓元（約新臺幣二十五元）是大錢的小俊，接下來要講關於「必須去賺小錢」的故事。

學校義賣會上誕生的銷售王

每當舉行學校義賣會時，就是小俊展現經商實力的機會。能獲得所有人的認可，帶給他很大的成就感。那天的故事，小俊是這麼說的。

跳蚤市場的橡皮擦銷售冠軍

小學一年級時，學校舉辦跳蚤市場。我將鉛筆、玩偶、玩具車等用不到的物品拿出來賣，擺滿整張桌子。跳蚤市場正式開始，同學都來排隊買我的東西。有的同學花掉自己所有的錢，有的同學只是來看看就離開了。

「反正已經賣掉很多東西了，不如來買一些東西吧。」我看了看其他同學的東西。有人賣蠟筆，還有人把不能穿的小鞋子拿出來賣，還說可以拿去送給弟弟妹妹。在這麼多東西裡面，我注意到了迷你橡皮擦。

「咦，這東西很便宜耶？」

十個也才一百韓元（約新臺幣三元），我立刻買下來了，然後回到自己的攤位，拿出這十個橡皮擦，以一個一百韓元的價格出售。

我將這組橡皮擦拆開來販賣，賺取利益。結果，我花了一百韓元買的十個橡皮擦，賣掉了八個，賺到了七百韓元的利潤。

五年級的我是買賣之神

到了小學五年級時，學校再次開辦跳蚤市場。這次要跟四年級的學弟妹們一起參與。老師問我們：「各位，下週一就是跳蚤市場開張的日子。請問大家要全部的人一起賣東西，還是要各自分開賣自己想賣的東西？」

我和四個好朋友商量後，大家都決定要以個人身分出去擺攤。如果想要獲得更多的利潤，以個人身分擺攤賣東西，對我們來說更有利。到了週末我跟媽媽一起為跳蚤市場的攤子做準備。我準備了小朋友會喜歡的商品，品項如下：

- **冰茶**（冰沙七百韓元、冷飲五百韓元）

- **玩偶**（可愛又軟綿綿的玩偶若干）
- **抽獎**（第一名五千韓元的折價券、第二名玩偶、第三名袋裝餅乾、第四名再接再厲）
- **紙畫片**（用盒子或月曆等材料製作的巨型畫片上，用多種膠帶固定纏繞的超強手工畫片、巨型牛奶盒畫片、一般膠帶畫片等）
- **彈珠**（小彈珠、大彈珠、稀有的彈珠）等等

這些都是四五年級之間非常熱門的物品與零食，尤其是彈珠及畫片的買氣真的非常驚人。

以彈珠來說，小彈珠售價是兩百韓元（約新臺幣五元），大彈珠售價五百韓元（約新臺幣十二元）。由於人潮實在太多了，我忙得不可開交，差一點發生讓顧客用五百韓元買下兩百韓元彈珠的情形。

此外，我親手製作的畫片種類繁多，同時也具備強大的力量。

長寬各三十公分的巨型畫片，以三千韓元（約新臺幣七十七元）的價格賣出，後來因為有太多同學想要買，最後還用競標的方式出售畫片。

如果以學生喜歡的東西為中心挑選商品，銷售量就會很好。那天兩節課的期間，我一個人獲益差不多六萬韓元（約新臺幣一千五百元），比其他四個朋友加起來的四萬韓元（約新臺幣一千元）還要多。這就是為什麼我選擇以個人身分來賣東西，為了能夠賺到更多的利潤。

我在賣東西的時候，很多朋友聚在一起搶購我的商品，甚至出現了二十個人以上在排隊的盛況，老師們都嚇了一跳，所以特地幫我拍了照片。此外，老師們也稱讚我像是一個買賣之神，令我非常開心。既然取得「買賣之神」這個稱號，賺錢也變得更快樂，也讓我對投資與經濟開始產生更大的興趣。那天，我拿出部分營業所得的三萬韓元（約新臺幣七百多元）捐贈給非洲的小朋友。

孩子的銷售祕訣是引領潮流

義賣會當天，小俊準備五種要賣的商品，以及兩千韓元（約新臺幣五十二元）銅板，還有一袋四千韓元（約新臺幣一百元）的冰茶粉末。

小俊用冰茶粉末製作果汁，分裝保存於一次性塑膠袋中。十包拿去冷凍，另外十包冷藏，最後一起帶到學校去賣。在前往學校的期間，冰凍的果汁剛好變成冰沙的狀態。

小俊也會在攤位上製作果汁來賣。原本旁邊攤位一杯果汁賣三百韓元（約新臺幣七元），為了和小俊競爭降價成一杯兩百韓元，最後降到一百韓元（約新臺幣三元）。小俊則是將原本一千韓元（約新臺幣二十五元）降到七百韓元（約新臺幣十八元）。因為冰沙清涼好喝，所以全部都賣光光了。小俊把那天賺到的零用錢全部放在筆筒裡，直到現在都還留著。

那天彈珠的收益也還不錯。小俊就讀的是大學附屬小學，地點位於大學的校園內附近沒有文具店。大學裡面的便利商店也不讓小學生進去，所以那些在市面上很容易找到的彈珠，在學校裡卻是稀有物品。

小俊正是利用了這一點。此外，為了增加買家對彈珠的需求，他還在義賣會開始之前，讓學校裡流行起彈珠遊戲。小俊玩的不是普通的打彈珠遊戲，而是用疊疊樂的木塊做成讓彈珠可以下滑的軌道，隨著高度變化提升難度的遊戲，這是小俊為了銷售彈珠特意開發的新玩法。

前面的章節提過，小俊也會故意在其他人面前興致高昂地玩畫片，除了讓其他孩子覺得畫片很有趣，也展現自己的畫片有多厲害。像這樣提前掀起瘋玩彈珠與畫片熱潮的小孩，他的經商策略在義賣會當天奏效了。

賺錢要享受成果也享受過程

錢，看的不但是賺來的成果，賺錢的過程也相當重要。不管賺了多少錢，如果過程危險又令人厭倦，那這件事在人生中會留下多少價值呢？還能成為榜樣並傳遞給他人嗎？

小俊說，**從小看著每天開心上班的媽媽，覺得賺錢是一件有趣好玩的事情，自己也想快點長大才能開心賺錢**。其實，我對於每個賺錢的過程都無比享受，正因如此我才能堅持到現在。我的女兒也跟小俊很像，告訴我比起去幼兒園上學，更想跟著媽媽去上班賺錢。

我非常享受從事各種經濟活動增加資產的過程。這世界上最好玩的事情，莫過於讓自己的資產越來越大，這件事對我來說是興趣。**將生意發展成事業，建構多元收入的管道並分散投資，創造出即使遇到重大危機也不會受影響的經濟狀態**。此外，為了迎接百歲時代來臨能安享晚年生活，即便辛苦也要在年輕的時候，努力累積財富和集中火力進行理財。還有，將孩子們一起帶到我的工作現場，以身作則教導孩子們金錢教育，階段性共享我所經歷和學到的訣竅，這些對我來說，都是非常愉快和重要的事情。參與經濟活動是快樂且重要的事情，這就是我想要傳達給小俊的東西。

我認為，當二十歲的小俊必須走向世界時，與那些僅以升大學為目標，只學習國英數的孩子相比，小俊會意識到自己的出發點已經與他人不同。但是，小俊能獲得這樣的成果，其實比我想像中還要快。年紀不到二十歲的小俊，在十三歲時就被世人所熟知，成為一個被人們稱為「經濟英才、經濟天才」的小孩。雖然已經重複強調過，我的兒子只是個普通人。**而我與其他家長不同的地方，只有在孩子年紀很小的時候，就誠實告訴他關於金錢與世界的一切**，彼此溝通許多想法。因此，我所得出的結論是，學習怎麼使用金錢是越快越好。

不是只有特別的孩子才能賺到錢

從打工開始聚沙成塔

小俊是城邑樂園咖啡廳「粉紅粉紅」的特約咖啡師。某一天我正在沖咖啡，發現小俊看得很認真的樣子，我隨口問：「你要不要試試看？」沒想到他馬上說好。可能是因為他天生手巧，加上喜歡用雙手做點什麼，於是這一切就開始了。那時小俊才七歲，但他體格健壯、雙手也很有力量，所以他可以正確地模仿我萃取咖啡的動作。稍微練習之後，已經可以不慌不忙地沖泡咖啡。

到了小學二年級，他參與咖啡店新菜單的開發，提出了一些想法與點子，跟大家一起製作各種飲品。小俊升上四年級時，一到忙碌的週末，我們就會讓他負責招呼顧客、沖泡咖啡。沖泡一杯美式咖啡，會給他五百韓元（約新臺幣十三元）的打工費。點餐的顧客們無不感到神奇地說：「小孩子真的有辦法泡咖啡嗎？」小俊熟練地操作POS點餐系統、啟動咖啡機沖泡咖啡的模樣，也讓所有人大吃一驚。

小俊從小就知道要利用打工賺零用錢的道理，因此積極尋找工作機會。他勤奮到即使打工費只有一千韓元（約新臺幣二十五元），也要工作賺錢。所以他非常認真打掃園區每個角落，還幫忙準備餵馬體驗用的胡蘿蔔。

每年夏天來臨，停車場附近的繡球花開始凋零，這讓停車場看起來不太美觀。而且，如果想要隔年看到更漂亮、更繁盛的繡球花，就必須剪掉凋零的花頭。小俊也會靠剪繡球花頭賺取打工薪水，剪去一個繡球花頭能獲得兩百韓元。繡球花的數量不少，因此幾個小時內就能賺到好幾萬韓元，是孩子非常喜歡的工作。

如今七歲的女兒也學會了沖泡咖啡的方法，偶爾來店裡擔任咖啡師的角色。女兒說，如果媽媽喝自己沖的咖啡，她會覺得很幸福。她還會一邊盯著我喝咖啡，一邊開心得露齒微笑。沖泡一杯咖啡的薪水是五百韓元，但如果沖泡後幫忙送到爺爺身邊，這杯咖啡的收益就會漲到兩千韓元（約新臺幣五十一元）。像這樣賺來的錢，她會放進隨身攜帶的小豬存錢筒裡。不久前，**她把努力工作存下來的錢，捐給了有困難的鄰居，這筆錢花得很有意義**。

精打細算的家事打工仔

小俊從小學四年級開始，每個月領一萬韓元（約新臺幣兩百五十八元）零用錢。升上五年級後，就再也沒有拿過零用錢，不過他參與電視臺主持與各種廣告的模特兒，這些工作獲得的通告費，每個月的平均收入超過三十萬韓元（約新臺幣七千七百元）。

直到六年級，情況發生了變化。因為疫情爆發，他不能繼續參與廣播節目，原本的收入瞬間消失殆盡。小俊察覺事態嚴重後向我提議，希望我可以給他工作機會。在「小俊人」的影片中，小俊是這樣描述了當時的情況。

我從四年級開始，雖然每個月有一萬韓元的零用錢，但是這個金額只要去幾次便利商店，就一點也不剩了。

所以，我左思右想終於想到「啊，我該去打工了！」但我年紀還小，想要在別的地方工作並不容易，所以我跟媽媽提議一個讓我們雙贏的方法。因為就算我拜託媽媽增加零用錢，她也絕對不會答應。

「媽媽，我已經長大了，也想靠自己賺錢。但是，就算我想去社區裡的便利商店打工，也會因為年齡太小被拒絕。我可不可以在家裡，用做家事的方式來打工？我不會再拿零用錢，而是堂堂正正用勞動賺錢。」

「真的？你不來跟我要零用錢嗎？很好！從今天開始，我就僱用你來打工。」

就這樣，**我變成媽媽老闆娘的「家事打工仔」**，我到現在都還沒有被解僱，認真在家裡打工。洗碗是兩千韓元（約新臺幣五十二元）、丟垃圾一千韓元（約新臺幣二十五元），倒廚餘兩千韓元、晒衣服一千。但是，金額會依照當天的工作量有所變化。只要媽媽老闆娘呼叫我，我就會根據家事的工作量和預計所需時間，跟她協商薪水。

媽媽：「打工仔！今天倒廚餘，薪水兩千韓元，ＯＫ？」

什麼！我看了一下，冰箱已經整理好了，但食物廚餘堆積如山。「哎呀！老闆娘，這個廚餘量您要給五千韓元（約新臺幣一百三十元）才能處理。」

不想丟廚餘的媽媽立刻答應。

我會根據當下的情況進行交易，每個月賺到的錢比原本拿到的零用錢還要多。在家打工對父母來說是好事，對我來說也是好事，是雙方雙贏的工作，所以我真誠推薦給大家。

——「小俊人」《十三歲的三千萬韓元：從每月一萬韓元零用錢到每月創造一百五十萬營業額收入的故事》

透過討價還價培養談判技巧

除了整理自己的房間以外，其他家事工作都會制定價格，每當小俊做完一件家事，都會記錄到貼在冰箱上的「家事打工結算表」上，必要時再進行總結算。最近小俊開始用一些小手段，企圖討價還價。

爸爸房間裡的大衣架倒塌，大量的衣物散落一地，我連忙去找家事打工仔小俊，結果那孩子一看到眼前情景就開始討價還價。

「真的變得亂七八糟，如果我整理那些衣服，您會給我多少錢？」

「嗯，我給你一萬韓元。」

「哎呀，老闆娘！整理這麼雜亂的衣物，應該要給我三萬韓元（約新臺幣七百多元）。您看看這爆炸的衣服數量。請您提高預算，不然我沒辦法接這個家事。我現在很忙，請您再好好考慮，有需要的話再叫我。」

如果情況刻不容緩，小俊的加薪要求就會如願進行，最後我決定花三萬韓元請他幫忙。

小俊本來就是會打掃自己房間的人，整理自己的房間沒有任何報酬，也是孩子必須自己做的事情，所以我通常交給他自己處理。不過，**整理房間必須靠自律，所以即使孩子的房間很凌亂，我也不會去唸他**。我是個非常討厭囉唆的人，因此會嘗試理解體諒孩子，他看起來好像很忙、他最近好像很累，然後便不再多說什麼，反正那是他自己的事。

我想表達的是，小俊不是那種會將自己的房間打掃乾淨，還做好家事打工的完美小孩。也並非只有特別的孩子才能以這樣的方式打工、賺取零用錢。像這樣用倒廚餘、分類寶特瓶賺來的小錢，得到的效果就是讓他理解到金錢的珍貴，因此小俊不會亂花小錢。

TIP 父母和孩子都開心的家事打工訣竅

①依照家事的項目確定金額。
②製作「家事打工結算表」，貼在顯眼的地方。
③孩子用做家事賺到的錢，讓他自己在結算表上寫下日期、單價、累計金額等。
④根據家事實際情況的程度，薪水可以依據狀況調整。
⑤當小孩需要零用錢的時候，可以向父母結算費用。
⑥鼓勵孩子繼續做家事來打工，感受賺錢的樂趣。

買賣也需要訓練

對二手拍賣產生興趣的孩子

時常改變夢想、執行各種計畫的小俊，也不是所有事情都成功。因為，無論再怎麼提早了解經濟或理財知識，小孩子還是有很多需要學習的東西。

去年，我們家的營業場所無法正常營業，小俊的迷你玩具車、飲料自動販賣機的收益利潤也跟著減少。**如果顧客沒辦法上門消費的話，有沒有其他可以由自己靠近顧客的方法？**孩子開始研究能夠主動出擊的行動，於是在蘿蔔市場銷售迷你玩具車。如果有人聯絡小俊說要購買商品，就可以進行面交或快遞寄送。

蘿蔔市場就是一個雜貨店。各式各樣的商品都可以登記上傳，小俊也開始思考自己能販賣的東西，順便上傳家裡不怎麼使用的東西，其中也夾雜了一些我先生的東西。小俊上傳了父親的跆拳道踢腿練習用擋板，結果十分鐘不到就有好幾個人要買。我先生看見兒子跟最快匯款的人協商後，快速地拿著商品出門而大吃一驚。

「小俊，你去哪裡？你該不會是要賣掉那個東西吧？」

「對啊，我要賣這個東西。爸爸，這個不是已經很久沒用了？」

對賣東西感興趣的小孩，翻遍家裡的所有東西，找出沒有使用的東西就上網拍賣。我們夫妻著急地檢查小俊上傳的東西，看完都嚇了一跳。最後，我們叮嚀他只能賣自己的東西。

後來，他又把沒有使用的無人機上架到蘿蔔市場了。有一天，小俊說無人機賣掉了，高興地拿著無人機的箱子出門。在家門口面交商品，收到三萬韓元（約新臺幣七百多元）之後回到家裡，聽說是一位大叔買走的。然而，交易完不到一個小時問題爆發了。

交易完成後，買賣服務仍繼續

蘿蔔市場的通知音跳了出來，原來是購買無人機的大叔發來客訴信件。

「我打開箱子一看才知道，裡面沒有電池啊？」

「是的，本來就不附電池的。」

「你怎麼可以賣沒有電池的東西？」

「我有在照片下面寫，這個商品沒有電池，所以才賣這麼便宜。」

「我沒看到啊！」

「請重新看一次，我已經寫在上面了。」

「不對啊，你應該要賣有電池的啊？至少剛才面交時也告訴我一聲啊！」

「我以為你會看完商品的說明再買。」

「不是啊，沒有電池的東西為什麼要拿出來賣？我是買來送給孩子的，結果現在小孩又哭又鬧、吵得不可開交。」

事實上，小俊也嚇得冷汗直流。他的表情像是快要哭出來一樣，跑來向我們求救。粗糙的交易方式讓買方、賣方兩家的小孩子都哭了起來。

儘管如此，我還是只在一旁默默地注視著小俊，沒有過多的干涉。

每一筆交易都伴隨著後續的訂單管理。只有具備應對消費者或買家抱怨的能力，才能夠做經商生意。因為是自己選擇賣出的商品，所以在面對買家的不滿時，我試著讓孩子靠自己解決。

孩子連忙打電話給無人機製造業者，詢問是否能夠單獨購買電池，認真打聽確認價格，並且回覆買家處理結果，為了這件事忙成一團。最後，小俊滿臉掛著不知道是汗水還是淚水，從房間裡走出來。

「對方要求無條件退款，最後我還是決定退錢給他了。」

藉由這次的體會，對於自己賣的商品特徵或缺陷，應該要明確告知買家。

如果急著交易一定會釀成失誤，不論買賣東西的時候都是一樣。**在經營事業的過程中，這樣的事層出不窮，比起由父母出面幫忙解決，讓孩子自己去感受並培養解決問題的能力，也是非常寶貴的經驗。**

小俊的蜥蜴事業

去年夏天，小俊在爬蟲類咖啡廳看到蜥蜴後，突然對牠一見鍾情。小巧的黃色蜥蜴長得非常可愛又結實，讓人分不清是生物還是玩偶。小俊一邊說蜥蜴好可愛、一邊喊著想要養蜥蜴。而且，小俊不僅是想單純養一隻蜥蜴，還打算賣蜥蜴，這樣既能感受到養這種可愛寵物的樂趣，又能販賣給像自己一樣喜歡蜥蜴的人，他認為這個新事業應該會發展得很不錯。

小俊跟我討論這件事情時，特別強調自己非常非常想要養蜥蜴。

「從媽媽的角度看來，這個銷售業務沒辦法大眾化。你再謹慎考慮一下。」

對此，我是站在反對立場的。養寵物是要負責到底的，這跟買賣一般物品完全是兩件不同的事。

於是，小俊獨自調查蜥蜴的市場價格，翻遍了網路上的相關影片。販售蜥蜴的店家上傳了不少影片，看起來這家店的價格和其他家相差無幾。小俊覺得自己已經確認好價格，暗中下定決心。幾天之後，小俊說要出門，眼神有些怪異。當時，他好像不想把零用錢交給我保管，似乎另有打算的樣子。

恰巧當天我也有事情要出去，所以就開著車悄悄地跟了上去。小俊搭了三十分鐘左右的公車，看著地圖走進一條小巷子。小俊走進一家店內，我仔細一看發現是一間賣蜥蜴的店。他因為家人反對就獨自偷偷跑來這個地方。我嚇一大跳覺得自己不能繼續袖手旁觀，於是便跟在小俊身後走進去。

「小俊，你去查一下價格，先不要買。這種事情應該要更謹慎才對。」千叮嚀萬囑咐後，我打算先辦完自己的事情再來接小俊走，沒想到小俊卻先打了電話，發出非常興奮的聲音。

「媽媽，我買到蜥蜴了。牠好漂亮！」

大概是因為看到眼前的蜥蜴，小俊的心都給融化了。聽說是以三十四萬韓元（約新臺幣八千七百多元）的價格買下一對公母蜥蜴。

「你說什麼？一隻要十七萬韓元？」

「媽媽，你不能用數字來衡量啦，這可是生命耶！」

但是，回到家後再次確認價格，卻發現小俊買貴了。蜥蜴會因品種有所差異，但是也不會貴到這種程度。小俊買的品種在市面上，每隻價格大約在五到十萬韓元左右（約新臺幣一千到兩千多元），甚至有不少因飼主個人因素而開放領養的情況。雖然小俊因為這件事情傷心不已，但也沒有辦法，畢竟他投入了很多資金在裡頭，況且又是一個生命，所以我相信孩子會對此負起責任。

到了第二天，其中一隻蜥蜴的狀態非常奇怪。走路搖搖晃晃，肚子突起凹凸不平的疹子。孩子好幾次致電出售蜥蜴的店家，告訴他們寵物的樣子很奇怪。可能在交涉過程中，不小心和賣家傷了和氣，所以對方口氣有點不悅，堅持不能退錢或是交換蜥蜴。

這可是孩子支付了三十四萬韓元獲得的生命，如果養育不當或死亡，暫且**不論會產生多少損失，孩子都會因為罪惡感而受到心靈上的傷害**。後來，我覺得自己應該要出面幫忙，所以跟小俊一同前往了店家，與對方討論許久，才好不容易將一隻生病的蜥蜴交換出去。

有了這次的經驗，我們以「**如果自己經營出售蜥蜴的生意，遇到這個狀況時該**

怎麼處理呢？」為主題，進行很多討論。對於小俊來說，這次購買與交換蜥蜴的過程，不僅學習到購買和出售、客戶服務、問題發生時的解決態度等危機處理的方法，也體會到從未有的感受。

教孩子通過失敗學習機會成本

即使媽媽已經勸導過，小俊對於獨自挑戰第一個事業的記憶，仍然感到非常苦澀。目前，小俊的蜥蜴販賣事業仍在進行中，但可能是因為沒有好的起頭，所以完全感受不到任何趣味。雖然他自己也說過「我也知道賺錢不容易」但這可能是他第一次嘗到失敗的味道。

「**你要把失去的機會成本，也一起考慮進來。**」

我再次對他說明關於三十四萬韓元的機會成本。如果沒有購買蜥蜴，那些錢可以做其他更多的事情，我希望小俊可以深入思考這個問題。我相信他可以了解到，在花錢之前一定要考慮各式各樣的情況，經過反覆思考後再做出明智的消費選擇。

「早知道就把錢存下來，拿去投資在別的地方。」小俊後來也懊惱不已。孩子在投資股票之後，想起這次的失敗還是感到後悔，嘆氣的說如果把那些錢也投入到股票中就好了。我想這對他來說是一次很好的經驗，也是一次很大的教訓。想到這裡，我便覺得欣慰。

後來，我們約定好，如果出現自己想做的事情，一定會先和父母商量過。在下任何決策的時候，應該要先聽聽看經驗者及反對者的聲音。**當然，與其盲目阻止孩子想要做的某件事，不如藉由這樣的過程，以贊成與反對的聲音為基礎提出見解，倘若本人已得出最後的結論，那麼我們也予以尊重。**因為經歷失敗的時候，當事人親身經歷痛楚，然後自我反省，才能學習思考很多事情。失敗的經驗對孩子來說，也是一種巨大的財富。

TIP

買東西之前，先暫停一下！

①買這個東西的錢還能做什麼？先考慮一下機會成本。

②衝動購物前先停止行動，至少再花一天的時間考慮。

③再三思考後還是很想買的話，那就開心買下去，不要後悔！

在咖啡廳「粉紅粉紅」以客座咖啡師的身分打工。

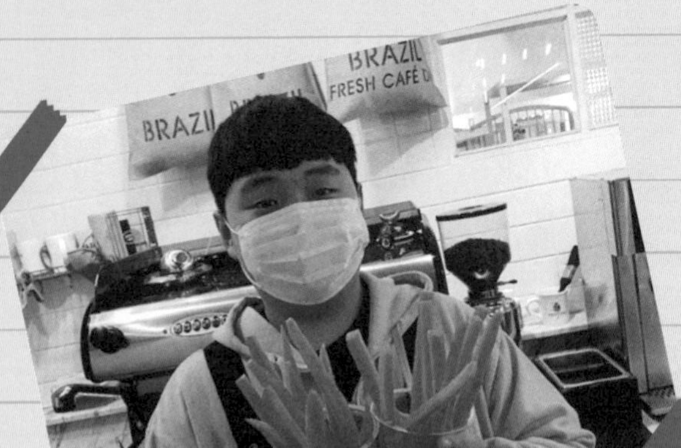

替「餵食馬兒胡蘿蔔體驗」切菜備料的打工。

準備馬兒乾草飼料的工作。

修剪繡球花頭的打工。

第四章

父母是孩子的夢想經紀人

比孩子才能更重要的東西

我們家的孩子是菁英嗎？

那是小俊升上小學三年級時發生的事情。我們平常很喜歡看《人才挖掘團》這個電視節目，某天我先生帶著這個節目的攝影導演一起回家，原來對方跟我先生是高中同學。

當時，小俊非常想參加搞笑綜藝節目，經常獨自一人設計短劇練習表演。於是，我便想跟熟知電視節目運作的專家，徵求意見。

「導演，小俊想成為一個諧星，他該怎麼準備呢？」

導演看著小俊邊搞笑邊說話的樣子，只說了一句話。

「在我看來，像小俊這樣的孩子，如果能上《人才挖掘團》的話，效果應該很不錯吧。」

「什麼？您說《人才挖掘團》嗎？我的天啊！」我真的嚇了一跳，做夢都不敢想會有上《人才挖掘團》的一天。

導演問小俊：「你看起來滿聰明的，有其他特殊才藝嗎？」

「有，我有其他才藝！可是我需要時間找一下，請給我一點時間。」小俊想都不想就立刻回答。

「對！我們小俊也是有潛力的。」我滿臉通紅，像海狗一樣高興鼓掌。對於小俊想要從事的演藝活動，與其長大後參加選秀上搞笑綜藝，倒不如現在直接出演《人才挖掘團》更好。小俊跟我光是想像就激動不已。

一週內找到孩子的可能性

導演給我們一週的時間準備。雖然還不知道小俊的才能是什麼，但為了挖掘出來，我們都非常努力。

看到當時氣勢正旺的韓國演歌音樂節目後，我突然冒出小俊是不是一個韓國演歌人才的想法。小俊之前想上《明天是演歌先生》這個節目，還努力練習了一陣子。不過，才說要唱韓國演歌的小俊，沒過多久就跟我說：「媽媽，完蛋了。為什麼我高音突然唱不上去呢？我好像進入變聲期了。」

一個才十歲的小孩竟然進入變聲期？因為小俊不斷唱歌，連聲音都變沙啞。我安靜聽小俊唱歌，發現他在詮釋韓國演歌獨有的震動與顫抖仍有不足，於是我們迅速決定放棄演歌這條路。

小俊平常對自己的音準非常有自信。他五歲時，聽到微波爐發出「叮！」的啟動音效，會跟著發出差不多的音準，那時我興奮大喊。

「絕對音感！原來小俊的音準這麼厲害啊？媽媽現在身上都起雞皮疙瘩了，太厲害了！」

因為這件事情，我發覺**父母可以藉由小小的契機來發現孩子的才能**。後來，小俊開始努力練習彈鋼琴。叮叮咚咚彈了幾天的鋼琴後，發現自己好像也不是彈鋼琴的料。就算閉上眼睛，用正面的心態去欣賞，也絲毫沒有一點音樂上的共鳴。也許小俊自己也感覺到了，便突然開始看起書。難道小俊有背誦的天賦？還是速讀的才能？我一旁默默觀察，但也沒有發現什麼特別之處。看來都不是。

「媽媽，難道我其實是語言的天才嗎？」

由於小俊被很多人稱讚記憶力好又很會說話，才會覺得有這個可能性。於是他開始讀起英文書，努力學語言，結果也不是這個。

看來不是學習方面的才能，所以小俊決定從運動中尋找。他喜歡足球，也許他的長才就在足球上，他拿著足球跑到外面，踢得滿身大汗淋漓，試圖尋找某種才能嘗試各種技術。然而，答案也不是足球。

小俊性格靈巧，什麼事都可以做得不錯，身上應該隱藏著某種才能才對，但是究竟藏在哪裡了呢？孩子和我都倍感鬱悶。

「找到小俊的才藝了嗎？」我先生的朋友打電話來問候。

「還沒有找到，這種東西，突然想找還真不容易找到啊。」

幾天後，導演又來電話了。

「找到了嗎？」

「還沒……」

尋找發掘孩子可能性的專家

我相信小俊身上一定隱藏著某方面的才能，但我們卻找不到。最後，我們尋找小俊才藝的任務以失敗告終，到了《人才挖掘團》播出的日子，我跟孩子一起認真看著那個節目。

後來我們想明白了，應該去諮詢可以找出孩童專長的專家，讓小俊接受性向測驗才對啊！我們在網路上搜尋，得知有一位專家的諮商室在首爾。打電話預約後，才發現離諮商日期還有一段很長的時間。

等待已久的諮商預約終於到了。我帶著小俊、小俊爸爸一起坐上飛機，朝首爾出發。我在心中暗暗發誓，這次一定要找到孩子的才能。

小俊做了許多測驗後，我們進入諮詢室聽取最終結果。專家乾脆且冷靜地將結論彙整成一句話。

「這孩子不是什麼人才，在性向測驗中沒有表現出什麼特別的才能。反而個性上有點散漫，缺乏恆心和耐力。」

我渾身乏力，腦中一片空白。一想到孩子可能會失望不已，眼淚都流出來了。後來，專家開始與小俊進行一對一的諮商，還請小俊畫畫。一對一的諮商結束後，專家再次將我們叫進諮商室，告訴我們孩子認為父母一直很忙碌，而且缺乏雙親的愛。此外，小俊還說媽媽只喜歡工作。

「媽媽跟爸爸好像也很常吵架，為了小孩好也應該停止爭吵。」專家建議。

來不及知曉孩子的真正心情

我從高中開始就夢想成為富翁，也想要獲得成功，是一個想像力豐富、充滿夢想的少女。高中畢業以後，二十歲的我升上大學一年級時，就通過濟州的一家電視臺甄選考試，開始學校與電視臺兩邊跑的生活，最後以氣象主播與記者的身分，踏入社會。

二十歲的我第一次站上主播臺，七點新聞的氣象主播。每天凌晨三點半起床，七點開始播報天氣新聞，就這樣做了三年。二十三歲結婚以後，在首爾的電視臺也同樣從凌晨開始準備，負責早晨的新聞直播。後來回到濟州島，從事廣播DJ主持節目，依舊負責早晨的時段，所以我從非常年輕的時候，就沒有安逸玩樂過，一直活得非常緊張。

二十七歲那年我懷了小俊，生下他兩個月後就立刻復職，回到早晨廣播節目中。然而又過了兩個月，我在公婆經營的旅遊企業旁開設一個卡丁車體驗場，於是便停止廣播節目的工作。

剛開始裝潢卡丁車體驗場時，因為我是第一次做生意，什麼都不懂就被人叫老闆。在這個情況下，我必須盡快適應上軌道，因此我真的非常努力工作。我每天必須主導工程修整，甚至親自刷油漆，盡最大的努力面對客人。

值得感謝的是，我的卡丁車體驗場很快就穩定下來，辛苦的期間兩個孩子也長這麼大了。回想起來，那是一段日以繼夜非常辛苦的時光，因為實在過於忙碌，一旦工作上出現問題，時常無法好好收拾局面。後來又經歷許多大大小小的狀況，我和一起工作的先生，自然也出現意見上的衝突與爭吵。只是沒想到**這會讓小俊夾在大人的爭執中孤獨而痛苦著**。

我聽到專家的一席話，心中的某處坍塌了。

「老師，我該怎麼做才好？」

對父母而言最重要的事業

「媽媽，您知道這世界上最重要的事業是什麼嗎？那就是子女教育這個事業。即使您賺了再多的錢繼承給小孩，如果子女走上歪路的話，那麼這些錢也沒有任何用處。」

我恍然大悟。啊，原來我必須把教育孩子的事業經營好才行啊！

「請您多多關心孩子的心理狀況。」

專家還告訴我們，他認識很多韓國著名企業家，他們都是因為沒有照顧好子女而崩潰。所以從現在開始，若不加緊腳步建構起教育子女的事業，即使擁有財富也將毫無用武之地。

離開諮商室後，三人在首爾的街道上哭了出來。我們夫妻只顧著工作，連回頭照看孩子的時間都沒有，對小俊感到十分愧疚。

因為父母工作忙碌，小俊只好跟外婆外公一起參加運動會。雖然祖父母會照顧兩個孩子，用愛細心對待他們，但孩子們最想要的還是父母的愛。

孤獨又充滿夢想的孩子，我們得幫助小俊。對我來說，最重要的事物就是孩子們，努力賺錢也是為了他們。即使現在才知道我的順序不對，但同時也感到萬幸。從現在開始，**我決定把協助孩子們完成夢想，當作自己的事業來經營，替孩子的夢想一起努力**。

「為了你的夢想，媽媽會跟你一起往前奔跑。」

最重要的是，那天在諮商室中，我知道該如何跟孩子對話並協助支持他們。

「媽媽，即使您很忙，也務必認真傾聽孩子說話。此外，不要忘記看著孩子的眼睛，當您與孩子對視的時候，記得對他說：『我的兒子是最棒的！』表達您對他的支持。」

也就是說，我必須同時舉起雙手的大拇指，大動作確實地展現出肢體語言，把加油的話大聲說出來。**我按照專家指導的方式努力執行，如果小俊說出什麼新鮮的故事或絕妙的想法，我就會毫不猶豫稱讚他**。

「哇，我兒子真棒！」

看見我豎起大拇指，大聲幫他加油，剛開始小俊還會覺得尷尬，但後來漸漸露出燦爛的笑容。小俊現在對於媽媽的反應非常習慣，就像理所當然的事一樣，**這個方式讓他感到非常幸福**。

雖然最後沒有找到小俊的才藝，也沒實現參加《人才挖掘團》的夢想，但我覺得那天去首爾尋求諮商真是太好了。因為，我找到了生命中最重要的東西。

小俊現在沒必要刻意尋找才藝。雖然最近經常聽到旁人給予「經濟英才」的評價，但即使小俊不是什麼英才，也經歷很多事情並得到成就。

給孩子勇敢做夢的勇氣

將孩子的夢想視覺化吧

十一歲的小俊沉迷電視節目《Running Man》無法自拔，一整天都坐在電視機前面，花了好幾個小時看完所有節目集數。然後，小俊用相當真誠的表情跟我說，他也想上《Running Man》。

「媽媽，我要怎樣才能成為《Running Man》的成員，出現在電視上呢？」

「小俊，不管做什麼事情，如果沒有經過努力肯定不會成功。現在開始，你要相信自己一定能上綜藝節目，我們來練習一下吧？」

「我該怎麼練習呢？」

「在所有成員中，你最想成為哪個角色？」

「我最想成為劉在錫叔叔的角色。」

「那你要仔細觀察他在節目中的動作和說話，跟著他的言行練習看看吧。此外，你還要研究在那種情況下，他為什麼要說出這些話？為什麼做出那些動作？想像自己就是劉在錫叔叔，全力在節目中奔跑。只要熱情追求夢想，就一定會實現。但是，只有努力才能實現，你能做得到吧？」

「是的，媽媽，我會一邊努力練習，一邊想像看看。」

為了讓小俊不受任何人的妨礙，能長時間專心研究與練習，我會安靜地關上房門。接著坐在電腦前，將小俊的照片與《Running Man》海報合成後列印出來，把海報壓膜後貼在孩子的房間，以及家裡最顯眼的地方。我希望孩子每天看見那張海報都可以快樂地練習，並且徜徉在生動的想像中。

「小俊，想像一下你在《Running Man》中和大家一起奔跑的樣子。」

挖掘才能與不被支持的夢想

電視節目的工作很辛苦。特別是藝人，如果不早點開始演藝生涯的話，成功的機率很低。不，甚至連機會都很難出現。

「在這裡沒有人可以幫我，而我又在做些什麼呢？」

我曾經體會過那種感受，那種讓人全身顫抖的絕望和令人心痛的經歷。

現在回想起來，小時候我也不知道自己有不錯的表達能力，或是上節目表演的天賦。記得我高中時期，在應用課程中以「性」為主題進行演說。就像具聖愛[1]老師一樣，當時我講述了女人和男人在一起後生出孩子的故事。

我不知道這個故事有什麼好笑，但是臺下的同學吵成一團，捧著肚子笑得樂不可支、滿臉通紅。我才第一次發覺，原來我有說故事的能力啊！表達能力還不錯呢！後來聽說大家是因為看我表面上乖巧正經，意外發現我很呆萌，說話又很有趣，所以他們才覺得很搞笑。其實我在各式各樣的節目中，擔任主播與主持人的同時，內心深處也曾認真考慮要不要參加《搞笑演唱會》的公開招募考試。不過，因為我實在太忙了，最後也沒去嘗試。

高中二年級時，偶然在某個美容節目中，看見像人偶一樣漂亮的主播，於是我便開始想像，如果自己也出現在電視上，會是怎樣的場景呢？

有一天，我姊姊鼓勵我去應徵時尚美容雜誌的模特兒，但是由於媽媽反對這件事，後來並沒有成功。

當時是有線電視剛開始出現的時代，聽說首爾某個音樂有線電視臺要選拔VJ[2]，我聽到這個消息便跑去報名，結果當時還是高中生的我，被選為濟州人的代表。但如果想要成為一名VJ的話，我就必須前往首爾。

「首爾是什麼地方！那裡可是非常可怕的！」媽媽這次也強烈反對。

媽媽十分堅決反對，**現在回想起來，雖然可以理解她的心情，但我高中時期的夢想和絕佳機會就這樣結束了。**

在追夢的地方迷路

即使我進入建築工程系學習CAD[3]軟體，繪製圖片時內心也一直掛念著沒有實現的夢想──做節目。終於，二十歲的我在大學一年級時再度挑戰。最後，被濟州電視臺新聞局錄取為氣象主播與記者。

因為這是我一直夢想的工作，所以即使要半工半讀，我也很努力做好主播的工作。面對什麼都不懂的我，新聞局長及新聞局的記者們都非常親切地教導我。即使我犯錯，無論是什麼事情大家都會體諒我，在他們令人感激的信任與栽培之下，我真的學到很多東西。

就這樣，我在濟州島工作了兩年半，累積了一定的節目直播經驗。所以，我認為差不多可以朝自己最終的夢想，在首爾參加各式各樣的節目，挑戰一下首爾的電視臺了。

我打算休學前往首爾，父母激烈反對。不過這次，我堅持到最後，終於說服父母在首爾租了單人套房，開啟獨居生活。我以為來到首爾，一定會在工作上大放異彩。我的性格本來就很積極，也不會想太多有的沒有，加上豐富的直播經驗，我相信自己一定能做出點成就。

然而，首爾非常大。在這個陌生的大城市，沒有任何人認識我，也沒有任何人幫助我，就連參加電視臺面試的方法都不太清楚，我總是不小心參加到其他經紀公司的試鏡。現在回想起來，當時的我還真是無畏無懼。在那些試鏡當中，經紀公司的人似乎對我十分不看好。

「你家很有錢嗎？只有這種程度可不行。你必須減肥，需要花費很多時間和金錢改造。」

「為什麼需要錢？我之前有做節目的經驗。」我出言反駁。

依據他們的說法，我身上一無所有，年紀也不小，就算拚命減肥也很難參加節目。不管我走到哪裡，大家都會說二十二歲的我已經太遲了，使我對這一切感到心酸。後來我才理解媽媽為何會說「首爾是個可怕的地方」這句話。受到這些打擊後，我甚至無法向父母傾訴我的苦惱。

從首爾清潭洞的經紀公司走出來後，我漫無目的地晃到江南站，眼淚一直不停流出來。

「我倒底該怎麼辦？」在江南大街的正中央，我失去人生道路的方向，只能嚎啕大哭。

面對夢想時，孩子迫切力求表現

為了能夠上《Running Man》而努力做夢的十一歲少年，小俊終於等到了機會。某個濟州節目的主持人說，看小俊吃東西的樣子令人胃口大開，首次邀請小俊參加「吃播」。收到確定的演出消息，小俊開心得要跳起來。

我以小俊經紀人身分跟著到拍攝現場，看到小俊上節目的樣子，我簡直嚇了一跳。我一眼就看出這孩子有表演的才能，也感受到他想要做好節目的迫切感。雖然這是他第一次錄節目，沒有任何劇本，全部靠即興表演，但我清楚看見小俊為了不錯過任何說話的機會，努力集中精神錄影。

後來，我們才發現小俊渾身都溼透了。雖然拍攝時間很長，但他一點也不覺得無聊，為了逗笑大家，即使沒有任何人指使，他也會主動把自己的身體投入注滿水的水池當中。看這個景象，我打從心裡想要幫助如此努力認真的他。

我的孩子，我該如何幫助你的未來呢？

想像力就是超能力

想像力就是你的超能力。聽說我們只是想像著移動身體，就能得到跟移動身體差不多的效果。這個方式主要是運動員在使用的模擬訓練方法，我自己也時常使用，因此小俊也是從小就利用這個方法來練習。

我和小俊一起去看過BIGBANG的演唱會。因為他們曾經來過我們的城邑樂園，因此獲得演唱會的公關票。實際上，團體中擔任隊長的權志龍本人的身材不如想像中健壯，甚至看上去相當矮小。但是在舞臺上，他就是最高大的那個人。有好幾次他的汗水沾溼了整個頭髮，爆發出巨大的能量演唱。即使他已經是超級巨星，也會為了展現出最好的一面竭盡全力，這個樣子讓觀眾們不由自主地流下感動的淚水。

「小俊，你看看那些的叔叔們。他們都已經站在最高的位置，還那麼全力以赴，我們也該反省一下了。千萬不能忘記今天看到的這分感動。」

有史以來第一次看到偶像叔叔們的演唱會，小俊好像也受到了很大的震撼。我也為了重溫那分感動，有段時間一直在聽他們的歌曲。從那天開始，小俊就出現了新的夢想，就是像BIGBANG叔叔一樣成為偶像歌手。於是，小俊立刻報名舞蹈教室的課程。但是，團體舞蹈對小俊來說似乎非常困難，怎麼樣也沒辦法將舞跳整齊。

見到如此情況，我對小俊說：「看來你是適合單飛的體質。」

有一次，SBS新聞在拍攝小俊時，導演將GoPro運動相機拿給孩子看。

「我會拿這臺運動相機來拍你跟媽媽。在拍攝《白種元的胡同餐廳》時，白種元老師也是用這個相機。」

「哇，白種元老師！跟他一起做節目也是我的夢想！」

小俊聞言高興極了。節目拍攝結束後，在回家路上我們開啟了一段莫名其妙的對話。

「小俊，和白種元老師合作過很多節目的電視臺來找你，現在就連白種元老師用過的 GoPro 都讓你親自拿來拍攝節目呢！你還真是了不起啊！以後應該能跟白種元老師一起上節目了，對吧？」

我這麼一提起，孩子的臉漲得通紅，連牙齦都笑露出來，開始胡思亂想了起來。

「媽媽，你覺得我會去上《白種元的胡同餐廳》嗎？還是去哪個節目呢？」

「是啊，上哪個節目好呢？我們小俊可是吃貨第一名，如果邀請你去吃播節目，你一定會表現得非常棒。」

我們放聲大笑，穿越在想像中的我們對話沒有盡頭。我引導孩子在想像中生動描繪出自己的夢想，即便那看起來是不可能實現的事情。但我相信**勇於做夢的人終**

將會實現自己的夢想。

很多著名的電視節目都會來城邑樂園拍攝，每當遇到這種時刻，我都會帶著小俊一起去觀看現場，讓他深刻感受錄影的工作氛圍。如果只能用神祕的眼光看待明星或公眾人物，那麼我們永遠只能是粉絲，所以我想要消滅這種神祕感。同時，真實的攝影現場究竟是怎樣，我也想要讓他感受到那分熱情和臨場感。

「明星跟我們一樣只是普通人而已。小俊，你也可以做得到。你年紀還小，還有很多的可能性。」

小俊覺得現在的自己跟他們不在同一個位置上，只是因為自己年紀尚淺。他堅信總有一天自己也能到達他們所在的位置、與他們並排在一起。這一切都是**從想像中誕生的信心**。

1 韓國的社會運動家與性教育講師。

2 音樂節目的主持人。

3 建築師、工程師在繪圖時使用的電腦軟體。

為孩子而做的夢想管理業務

父母是孩子的夢想經紀人

從首爾的諮商室回來後，我開始認為不光是自己的觀光事業，教育子女也是一種事業，下定決心努力經營。教育子女成功與否關係著孩子的夢想能否實現，因此**為了他們的夢想，我成為管理孩子工作的經紀公司老闆兼經紀人**。

這個職位又稱夢想經紀人。孩子們隸屬於我公司旗下的員工，也是夢想成為明日巨星的準藝人。在朝向夢想前進的路上，我會與他們同行並給予支持和後援。為了能讓孩子們快樂堅持、發展自己的夢想，我會繼續給他們動力，有時也會成為他們的嚮導。

有人會問我，孩子的夢想千變萬化，那我該怎麼辦？孩子的夢想本來就會一直改變，這是非常自然的現象。如果**孩子的夢想出現變化，那我們就改變方向朝新的夢想前進就好了**。接著瞄準這個方向，再次和孩子一起攜手前進。

小俊從小到現在，夢想一直在變化。從玩具公司的老闆、機器人科學家、足球選手、職業電競選手到諧星，也不知道以後會再出現什麼改變。每當孩子產生夢想時，我都會跟著一起尋找實現夢想的道路，無數次改變前進的方向，嘗試進行許多挑戰。

「只要每天嘗試挑戰一項事物，一定能找到真正的夢想並實現它！」

無論孩子的夢想是什麼，在通往夢想的道路上，努力成為讓孩子可以不孤獨疲倦，幸福奔跑的堅強後援。

將夢想具體化吧

也許有些人想問，要怎麼具體管理子女的夢想？為了能幫助孩子一步一腳印朝夢想前進，必須依據年齡制定各個時期的目標，階段性挑戰每一件足以寫進履歷中的事蹟。

以小俊為例，他想要實現的夢想有兩個。第一個是小俊計劃在二十歲時成為獨立的大人，經濟上也完全獨立自主。第二個則是成為諧星和綜藝節目主持人。首先，我們先將小俊的第二個夢想當作終極目標，並且加以具體化。

小俊的夢想管理事業計畫

公司名稱	Big Dream 娛樂股份有限公司（暫稱）
共同代表	小俊、媽媽
司機、經紀人	媽媽

造型與妝髮	媽媽
行銷部門	媽媽
行銷方法	Instagram、NAVER 部落格、YouTube
企畫	小俊、媽媽
投資	媽媽（到十九歲為止）
所屬藝人	小俊
股東	股份是媽媽五〇%、小俊五〇%
公司目標	打造震撼世界的超級巨星
公司的經濟目標	打造 Big Dream 娛樂的首爾辦公大樓

就像這樣，即使終極目標高到讓人感到可笑也沒關係，因為單憑想像就能產生讓人心情變好的動力。夢想，就是要按照自己的步調來實現。

紀錄孩子的故事，豐富他們的履歷

如果身為父母的我，同時也是經紀公司的老闆，我的孩子是隸屬於我公司旗下的練習生，那麼為了取得成功，公司老闆應該做些什麼呢？為了能幫公司旗下的練習生，展現出足以震撼世界的才能，應該要想辦法引導他們獲得成功。

若為普通演藝經紀公司的練習生，年紀輕輕就進入公司，接受高強度訓練，快一點的話高中就可以出道。倘若代入這種模式，父母應該要為孩子做什麼，對他們進行怎樣的訓練，我們可以制定出以期間、階段為分隔的目標設定。

但是，**我們絕對不能忘記獲得成功的關鍵字就是「故事」**。我們應該要幫助孩子寫出世界上絕無僅有、只屬於自己的故事，這是獨一無二無法被取代的。這時，身為夢想經紀人的父母就非常重要。確立孩子的故事方向後，若子女能累積與此相關的經驗和活動，父母應該詳細記錄名為「我的孩子」的品牌成長過程，並且廣泛宣傳到全世界。

記錄的力量很強大。我一直在部落格上發表創業和育兒故事，**因為如果不記錄起來，這些珍貴的經驗與瞬間會迅速被淡忘。最重要的是，當我需要引用這些經驗時，才能立刻運用這些回憶。**

此外，現在所有人都可以利用影視行銷宣傳自己。如果將自己的活動痕跡留在YouTube影片中，就可以成為彰顯自身存在與才能的絕佳資料。

如果有電視臺或報社前來採訪小俊，我就會把這段時間記錄小俊成長與發展過程的部落格、小俊的YouTube頻道「小俊人」和「權俊TV」當成孩子的履歷與作品集發給對方。只要我這樣做，很多人都會嚇一跳。在我展示完小俊的作品集後，如果我進一步問對方在孩子的眾多才藝之中，要拿什麼做為主題時，通常對方會更加驚訝。

「其實，在節目中有很多有才華的孩子，但是像這樣直接發來作品集的人並不多，真讓人驚訝。」

因為**我仔細整理過孩子所有的活動紀錄，只要藉由文章和影像就可以一目了然，只需要幾分鐘的時間，就能完美宣傳自己孩子的才能**。不需要另外寄發照片或影像資料，直接在這些連結中找到資料使用，對於彼此來說也是十分方便。

經營子女事業就像經營一間企業一樣。製作出好商品，留下商品的故事將其品牌化，接著宣傳到全世界銷售給消費者，以及不斷升級商品的價值。這個發展過程非常相似。

就像我們為了投資某個企業的股票分析該公司，預測這間公司的未來價值後進行投資一樣，我也在分析一間名為「權俊」的企業，並且相信他的未來價值才進行投資。即使現在不能在股市中上市也沒關係。如果父母與孩子齊心協力，培養彼此夢幻的默契，攜手朝著目標前進，名為「孩子」的小企業體就會逐漸發展，規模越來越大，價值越來越高，很快就會越過科斯達克指數後，進軍韓國綜合股價指數（KOSPI）。為了讓父母的投資成功，繼續共同發展，朝著KOSPI市場第一的目標邁進。

前面也提到過，如果小俊只是單純在疫情肆虐的恐怖市場中，偶然透過股票獲得收益的小學生，那麼孩子的成功只是大眾暫時關注的對象，這本書大概也寫不成了。因為從小就不斷學習經濟相關的事物，累積屬於自己獨有的經驗，並且利用文字、照片、影像完整記錄了這些故事，當機會來臨時就可以馬上派上用場，如今這孩子已經做好了飛往世界的準備。

在未來的世界裡，真正的履歷表大概會消失。因為部落格、網路社群等媒體很快就會成為表現自己的主要工具。**如果想讓孩子獲得成功，那就試著去開發並記錄屬於孩子的故事，打造出世界上獨一無二的作品集吧！**尋找並累積子女的作品集，讓許多企業提出一起工作的合作邀請，是身為夢想經紀人的父母應該扮演的角色。父母先將孩子的故事寫下來並將內容品牌化，讓全世界向我們提出合作邀約，培養出最棒的孩子。

設定不同年紀的理財目標

為了實現我們的第一個夢想——經濟獨立。我跟小俊一起依照年齡，階段性制定各個時期的目標。

小俊的資產累積目標金額

十三歲 三千萬韓元（約新臺幣七十七萬元）
十四歲 六千萬韓元以上（約新臺幣一百五十萬元）
十六歲 國中畢業的時候：一億韓元（約新臺幣兩百五十萬元）
十九歲 高中畢業的時候：二億韓元（約新臺幣五百萬元）
二十歲 進入社會，正式實現自己的夢想和目標！

起初制定這樣的理財目標時，我們也在想這是不是太勉強了，但是隨著我們執行一個又一個計畫，直到現在為止也按部就班地達成目標，有了往後大概也可以順利執行的信心。

我在旁邊觀察的心得是，落實這些賺錢與存錢的行動，對幼童時期的孩子們有很多優點。首先，因為孩子跟父母一起住在家裡，完全不用擔心房租或水電費，需要自己花錢的事情非常少。最重要的是，由於他們尚未擁有自己的信用卡或貸款額度，所以只要安心賺錢，錢就可以百分之百存下來。也就是說，幼小的年齡不會成為賺錢的阻礙。

將賺到的錢存起來，累積自己的種子基金，那麼現在就能投入錢滾錢的複利機制中。只要在安全範圍內運用種子基金，就能比身為大人的我們更快速地建立起堅實的資產，往後還可以藉由這段期間習得的理財技術，使自己有更大的機率致富成為大富翁。

不久之前，小俊接受關於所得稅申報的稅務諮商。他在十四歲時，便達成資產六千萬韓元的成就。**多虧他利用多元化的收入管道，建立起穩固的賺錢系統，同時也讓資產迅速增加**。

為了申報所得稅，我直接教導小俊稅金的基本知識。然後我們找到了稅務專家，讓他們親自指導小俊稅務的具體內容。稅務記帳士事務所這個地方，也是小俊從小牽著媽媽的手多次造訪的場所，因此他在面對諮詢時也不會感到陌生，應對十分親切自然。稅務記帳士事務所的負責人對小俊感到相當訝異，十四歲時便自己創造收入，甚至為此前來諮商申報所得稅，是所有顧客中最年輕的一位。

別錯過子女事業的黃金時間

身為家長就算能力優秀，只靠自己賺大錢卻沒能好好栽培教育子女，辛苦獲得的一切都會在某一瞬間消失殆盡。當父母贈與或被繼承自己終身積累的財產時，稅金就高達四〇%至五〇%（編按：以上為韓國稅金制度。臺灣遺產稅、贈與稅之免稅額、課稅級距金額等，請參考「財政部賦稅署」公告）。也就是說，父母千辛萬苦打下的江山，會在轉移給小孩那一刻，交出一半財產的稅金。

那麼將財富傳承給小孩真的是正確答案嗎？與其把錢財或資產留給他們，還不如**教導孩子如何開發自己找到致富的方法，這才是更佳明智的舉動**。

從日常生活中，讓孩子學習經濟知識和理財觀念，他們的大腦就會像一塊海綿，將這些知識和思維完美吸收。相較於思想框架僵化、固執己見的大人，孩子反而能迅速且積極接受生活中的經驗，創造無限成長的可能性。

這個起頭非常簡單。正如前面多次所言，我們不是為了將一生的財富或資產傳承孩子，而是為了鞏固現在的生活水準，準備自身安穩的退休生活，所以父母在生活理財或投資的過程中，才需要牽起孩子的手，引導他們參與其中。

不僅是自己的工作環境，在前往其他經濟活動現場時，我也會帶著孩子們一起出席，目的是為了讓他們自然而然地學習吸收、接觸經濟相關的知識與經驗。回到家以後，我會詢問子女今天學到了什麼，並且以當天活動為主軸，向他們提出假設問題：「如果是你遇到這件事，該怎麼處理？」聆聽孩子們的意見。

從小開始執行理財計畫的孩子，長大後不成為富翁才奇怪。即使孩子長到二十歲，以成人之姿踏入社會，也沒有任何人會平白無故教他們賺錢與錢滾錢的方法。**金錢相關的教育應該從小開始，由父母親自教導**。

然而，在我們所面臨的現實中，要做到這件事並不容易。我們的孩子在高中畢業之前，大部分的人都在上補習班，準備國英數科目的課程，為入學考試努力，只為了能夠進入一所好大學，根本沒有多餘的時間思考經濟與理財。即使上了大學又要為了準備就業，再次參加各種補習班，忙得不可開交。

因此，**父母將孩子抱在懷裡養育的二十年，是孩子學習這個世界、學習經濟、學習金錢管理的黃金時段**。這段期間裡，如果我們只關注大學考試與課外補習，可能會錯過最重要事情。只有讓孩子親自體驗，並且親自學習理財及養老準備的過程，他們才可以在經濟上踏實地準備自己的未來。

大學畢業無法保障孩子的成功

我們現今所面對的現實是，孩子為了上補習班沒有多餘的時間，父母為了支付補習班的費用奔波勞累。父母把錢投資在各種教育費用上，甚至不敢考慮自己的退休生活，而子女也因為父母逼迫之故，上了各式各樣的補習班，什麼是自己未來真正想做的事情，連做夢的時間也沒有，更不會有時間去發現、培養自己的才能。

現在這個時代，大學畢業也不能保障任何成功，因為世界已經改變了。對於下一代來說，**需要的不是補教課程，而是自己的時間、挖掘自我潛能。所以，課程學習要在學校中全部結束，放學之後不管如何，都要抽出時間認識自己，與自我進行交流對話**。如此一來，更有機會發現自我，持續發展的嘗試與挑戰會讓未來變得多采多姿。

我們應該要讓孩子自由想像。一邊想像未來、一邊尋找未來的自己會從事什麼樣的工作，才能擁有快樂的日子。沒有人知道正確答案，這世界上也沒有所謂的正確答案，誰也不知道明天即將發生、面臨什麼事情。**因此不要永遠只為了別人的期待而學習，而是為自己學習，一件一件嘗試許多事情，尋找屬於自己的道路**。

沒有人知道往後的日子會如何，哪怕眼前一片渺茫，未來也可能暗藏許多機會，因為危機會成為某些人的轉機。突然到來的新冠肺炎大流行，使得全世界經濟動盪不安，股市大暴跌，我也被迫關閉營業場所，孩子們連學校都不能去，但也有人像小俊這樣抓住機會。

小俊在風雨中看到機會，藉由股票投資賺了大錢，也在無法上學的期間，集中精力經營自己的頻道，終於被世界媒體報導關注。雖然我的營業場所因為疫情反覆無法順利重新營業，但我轉換想法之後，不僅經營線下商店，我們還嘗試在網路商店中賣東西，取得了相當不錯的成果。

回想起那時的努力，對於小俊來說，上大學只是走向自己夢想的眾多途徑之一。如果必須先上大學才能實現夢想，那麼小俊就會去上大學，但如果小俊認為沒有必要，也可能就不會去了。小俊決定自己支付上大學或大企業所需的學習花費。也就是說，小俊會自己存到這筆錢，利用各種理財投資讓錢長大，日後將這筆資金運用在創業上。在瞬息萬變的時代裡，我無法反駁小俊的觀點。

花錢花得有意義，才能有所回報

小俊在 Smart Store 上銷售濟州黑豬肉，收益開始慢慢呈現在存摺上，這是經過長時間的嘗試與修正後的成果。小俊興奮地跟我說：「我真的沒想到可以賺到這麼多錢！」

這時，我們面對面坐著，討論要如何使用這筆收益，我們會更加幸福。僅僅透過股票與網路商店，十四歲的孩子賺到的月收入就達到了數百萬韓元，因此，**我們心中出現了想要將感謝的心情分享給世界的想法，決定在二〇二〇年最後一天，把錢捐獻給需要的公益團體**。

不料那天突然下起了暴雪，道路結成僵硬的冰霜。我們凝視著窗外，擔心今天無法出門捐款。我先生看著我們，說出令人安心的話。

「別擔心，你們忘了爸爸很擅長在雪地中開車嗎？」

幸好我們平安抵達綠色雨傘兒童財團[4]。兒童財團的部長與課長對我們表示歡迎：「即使現在正在下大雪，你們還是來了。」小俊把販售濟州黑豬肉的收益總和起來，獻出了他的首次捐款。也把「愛的豬肉」捐贈給濟州島保育機構。那個充滿歷史性的瞬間，我也用照片與影像認真地記錄下來。在回家的路上，小俊滿臉堆滿笑容，說自己非常滿足幸福。

令人感謝萬分的是，從捐款這件事開始，小俊變得更加出名。小俊說，不管怎麼看，都像是**因為自己捐款才出現許多好事，因此以後也會努力賺錢，繼續跟世界分享自己的成就**。如果「小俊人」訂閱人數突破一萬名，他承諾將再次捐款，而且這個願望也很快實現了。

第二次的捐款對小俊來說，有著不同的意義，他甚至當場流下了眼淚。因為**小俊從八歲就開始經營 YouTube 頻道，時隔六年才獲得第一筆收益。經歷了相當漫長的努力，嘗試各式各樣的挑戰後獲得的寶貴收入**。小俊將這筆收入和「小俊哇嗚店」豬肉銷售收益總和在一起，成就了第二次的分享。

妹妹一直看著哥哥做事的樣子，跳出來說自己也要捐款。這段時間在咖啡廳打工、做家事賺取零用錢，讓自己的小豬存錢筒越養越肥後，就急著拿著存款跟著哥哥哥一起捐錢。

雖然賺錢及存錢很重要，但是**讓孩子們親身體驗如何使用，才是更重要的事情，它會成為對小孩而言很有意義的時光**。

實現夢想的正向循環

若要將目前為止談論的內容加以概括，我整理成下面的條列分享給各位，我們是如何完成一套實現孩子夢想的系統。

1 設定好最終目標後，劃分階段性小目標。
2 為了實現各階段的目標，每天嘗試挑戰一個以上的事物。
3 無論成果大小，盡情享受目標達成的成就感、提高自信心。

4 就算成績不佳，也要相信自己正在進步，堅持不懈努力下去。

5 常常確認可視覺化的成果，以維持自己的生產性與發展性（如累積的存款餘額、漸漸增加的經歷等）。

6 達成階段性目標後，伴隨著父母的稱讚前往下一個目標。

7 利用文章、照片與影片記錄自己如何往最終目標前進、為了達成階段性目標所做的嘗試和挑戰。

8 過程中每當實現一個小目標時，可以捐款或捐贈物品等從事有意義的事情。

9 不但要努力賺錢，也要累積小小的成就感、發現自我的才能，不斷成長茁壯。

10 將這全部的過程標準化，並且重複做。

將這個過程標準化，植入孩子的腦海裡，就會變成良性的自動循環。如果夢想管理系統出現任何問題，身為夢想經紀人的父母就要立刻出面修正。這時，解決問題的最好方法，是與孩子充分溝通。

如果從孩子小時候就建立起這樣的系統，是不是可以比其他人更早、更愉快奔向夢想呢？當然，因為這是集結我和小俊的想法及經驗為基礎，所整理出來的結論，我們也只是以這種方式獲得成功的案例之一而已。最好的方法是每個人根據自己的情況設定夢想，建立目標並付諸實踐。

4 韓國的社會福利機構。

職業媽媽支持子女夢想的方法

做好自己的事情

上班族的媽媽們通常會對孩子感到抱歉。為了工作、為了生計，時間永遠不夠用，沒辦法好好陪在孩子身邊，也無法無微不至地照顧小孩，更無法表達出自己滿滿的愛意，總是在忙碌的生活中感到歉意。

因為我工作繁忙，害得小俊在上小學的時候，常常因此感到難過。小俊就讀的國小是通過抽籤中選才能入學，雖然很幸運被抽中，但是因為學校離家很遠，只能乘坐校車通學。為了配合校車運行的時間，小俊放學後沒辦法參與很多課外活動，除非父母親自接送。也因為這樣，我對於小俊沒辦法參加管絃樂隊活動，感到尤為惋惜。

我實在過於忙碌，不能時常到學校也無法參加家長活動，所以幾乎不認識其他家長，當然也就沒有機會與其他人分享學校或補習班的資訊。在這種情況下，為了我們彼此好，我認為應該教導小俊獨立。

「小俊，媽媽會努力做好自己的工作，我們小俊也要努力做好自己的事情。我們都可以靠自己好好完成的。如果在學校裡發生什麼事，那也是你的事情，所以你要學習自己解決。當然，我希望最好不要發生那樣的問題。媽媽相信小俊，小俊可以做到吧？」

那時我正忙著工作，現在回想起來覺得自己非常冷酷，一直跟孩子強調要獨立自強。

相信孩子能獨自解決問題

「活在這個世界上，就會發生很多事情，也會因此感到艱辛難忍。遇到這種時候，就當在玩遊戲吧！我面臨的現實就是遊戲主角要克服的關卡，只要我戰勝這個逆境，就能成功通關往下一個任務邁進。人生雖然是苦難的延續，但不必將這種情況看得太嚴肅，只要想像自己正在通關一款名為『我喜歡的人生』遊戲就可以了。因為只是遊戲，所以可以去享受痛苦的瞬間。苦盡甘來的滋味，十分甜美。」

我一直認為解決問題的能力，比其他任何能力都來得重要。在大大小小的問題面前，我們為了解決這些問題，每天都要站在選擇的十字路口數百次。日常生活就是這些接連不斷、大大小小的選擇，從長遠的角度來看，人生的完成不是經歷幾次重要的選擇就好，而是由無數次的選擇所建構起來的。我想告訴年幼的兒子，現在遇到的事情，雖然當下會帶來挫折與絕望，但這些都不會是決定人生的重大問題，只是一段自己必須經歷的過程，以及目前為止自己能解決的眾多問題之一。

在學校裡，當小孩子之間出現大大小小的問題時，父母就會出面解決，讓孩子失去練習解決問題的機會。除非父母一輩子都跟在孩子屁股後面，替他們解決所有問題，否則還是快點讓孩子學會解決問題的方法，哪怕子女處理起來非常辛苦，也要相信孩子的力量並給予支持，讓他們發揮自己的能力吧！**獨立解決幾次之後，孩子就會產生自信，面對越來越大的問題時也能明智應對**。

讓小孩參與父母解決問題的過程

身為父母的我，依舊每天面臨苦不堪言的困境與考驗。因為同時經營多個企業，各種問題和事故接連不斷出現，所以該如何迅速解決這些問題，已經成為我的日常生活。

如果家裡出現難以解決的問題，我會跟孩子們分享所有問題的內容。生活中經常發生超乎想像的事情，此時我們全家人都會聚在一起坐下來開會，各自提出自己的意見，或向專家徵求建議，共同決議對策。

如果父母的工作出現問題，導致家中經濟崩潰，這時只是說一些「你不必擔心任何問題，只要好好念書就行了，因為要進入好大學才能成功」之類陳腔濫調的話，對誰都沒有幫助。把家庭面臨的現實問題誠實告訴子女，即使最終是父母要去解決，也要讓他們參與其中，將處理過程呈現在小孩子眼前。

借鏡父母的經驗，可以培養子女日後獨立闖蕩世界時，面對任何苦難或考驗都不會被挫折或絕望擊敗，有毫不動搖解決問題的意志力。**同時在這個過程中，小孩會以更加堅毅的眼光看待世界，減少解決問題過程中犯下的錯誤**。

我們現在面臨的苦難與考驗，是鍛鍊孩子的意志力與解決問題的能力、培養他們以不同角度看待世界的最好機會，各位千萬不要錯過這樣的機會。

父母的態度改變子女的人生

對我來說，養育小孩子是最重要的工作。但是，我同時還要管理其他事業，把時間花在經濟活動上比什麼都還要實際。

因此，**除了培養孩子獨立自主之外，我選擇在短時間內站在孩子的立場上理解他們，與子女溝通並給予建議**。通過這個溝通方式，我與十四歲的青春期少年小俊進行了很多愉快的對話，維持著非常好的關係。

首先，我們要有同理心。當我跟小俊一樣是十四歲時，我的心境是怎樣的，回到那個時代的自己身上，然後站在同齡人的立場傾聽孩子的故事，再加以思考、理解溝通。觀察子女的眼神與表情，理解他們當下的心情，同理情緒。結果，我們就像真正的朋友一樣，從瑣碎的故事到真摯的話題與祕密，我們都可以分享討論。

有時候孩子說出莫名其妙的話語，展開自己想像的翅膀，眼神中發出耀眼的光芒。此時，只要父母集中精神傾聽，孩子就會開心說出更加奇特的想法。無論他們的故事多麼天馬行空，父母都要積極敞開心扉，直視孩子的雙眼並微笑點頭等恰到好處的反應，用開朗的聲音回應他們。

「你真是了不起！有這麼厲害的想法啊！我們要不要試著做一次呢？」

我工作的時候，小俊也經常打電話給我，分享自己的想法與創意。這時，我會暫停手上的工作，表現出興奮的樣子並大聲稱讚小俊，讓他覺得自己很了不起。這個行為只需要做一下下就足夠了。**即使父母只是抽出一點點時間，孩子就可以感受到世上還有支持自己的援軍，帶著自信處理所有事情**。

孩子天馬行空的想像力，會成為改變世界的重要資源。當孩子自由自在地談論自己想做的事情時，傾聽固然重要，但實際上父母在後面提供協助，讓孩子得以實現這點也很重要。即使最後結果不盡理想，孩子也肯定能在這個過程中感受、學習到很多東西。

「哎呀，原來有這樣的事啊！這應該很累吧。如果媽媽是你的話，大概也會這麼做。加油，如果有需要媽媽幫忙的地方，隨時跟媽媽說。我永遠都會站在你這邊，知道嗎？」

「當然了。因為有媽媽在，讓我覺得很幸福。」小俊偶爾會這麼說。

父母對孩子來說，就是全世界。只要有父母的信任，孩子不管在哪裡都可以帶著滿滿自信感，完成驚豔全世界的大事。我相信孩子帶來的驚人發展與美好未來。

「小俊，你會讓世界大吃一驚的。你真是個了不起的孩子。因為是我把你生出來，所以我最了解你。你真的很了不起，你一定會成功的。你在媽媽肚子裡的時候，我就為了讓你獲得成功，盡心盡力做好每一件事。」

小俊年紀還很小的時候，我每天都在講這句話，一直持續到現在。如果讓小孩一直聽見這樣讚美的話，他們真的會變得比較特別。回想當年孩子被趕出補習班時，我也是如此鼓勵他。

「你可是要真正獨立茁壯的孩子，怎麼會平凡呢？我兒子是最棒的。」

孩子如何看待世界，做出什麼事情，都取決於父母是否給予共鳴的傾聽與肯定的觀點，以及出於信任孩子的支持。都說口為禍福之門，父母說出口的好話一定會變成很棒的一扇門！

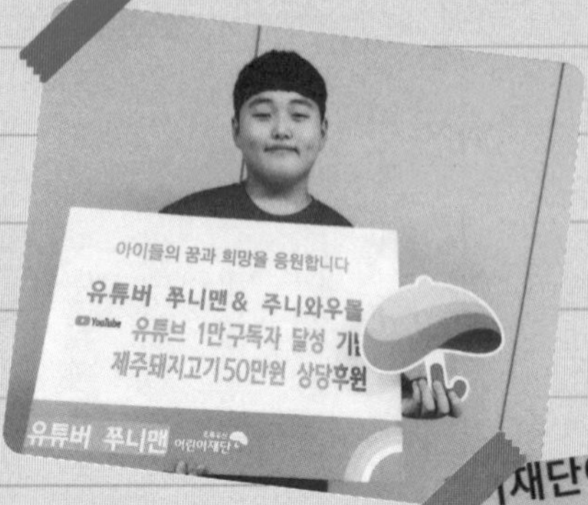

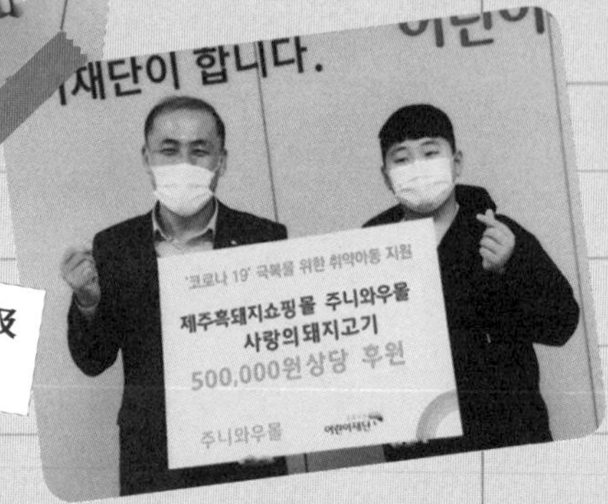

小俊捐出賣黑豬肉的錢，以及 YouTube 的第一筆收益。

跟媽媽一起企劃 YouTube 頻道

小俊十一歲的時候，參與濟州電視臺吃播節目錄影的畫面。

KBS《深夜的時事脫口秀 The Live》中，講述兒童理財的話題。

第五章

比起成績，創意才能讓孩子成為富人

自由時間對斜槓兒童的重要性

被補習班趕出來的孩子

小時候，小俊最常聽到的話就是：「你為什麼不能乖乖坐好？」總而言之，小俊非常調皮。有一次，一位國英數家教介紹的學習諮詢老師拜訪家裡。老師跟小俊交談十分鐘左右後，對我說出意想不到的話。

「小俊媽媽，我建議小俊去做一下ADHD（注意力不足過動症）的檢查會比較好。」

老師的建議也許是正確的。但是我認為他把這麼嚴重的事情說得太簡單了吧？這話聽起來就像是「除了乖巧安靜的孩子之外，其他孩子都有問題」最後我們不得不放棄家教補習。

事實上，小俊也曾經上過補習班及才藝班。為了尋找孩子的天賦與才華，我也像其他父母一樣，讓孩子嘗試很多事情。鋼琴、美術、跆拳道、游泳等，這些普通孩子會去學的才藝，我也讓他去學了。

小俊就這樣聽從我的安排，去上各種補習班一直上到八歲。沒想到他九歲的時候，事情逐漸發生變化。補習班的老師打電話到家裡來。

「小俊媽媽，雖然我們感到很抱歉，但是請不要讓小俊來補習了，好不好？」

惹笑朋友、惹哭老師

「怎麼了？小俊發生什麼事情了嗎？」

「因為小俊的關係，學習進度都被拖延了。」

就連主要科目的補習班老師也這麼說，這樣的事情反覆經歷了三、四次。因為小俊太喜歡開玩笑，面對老師的提問也搞笑以對，轉移了其他孩子的注意力，害老師很難維持正常的上課氣氛。後來送小俊到讀書公寓[1]，最後也被趕出來。因為那裡有高三的考生，小俊妨礙了「哥哥」們念書，所以負責人請求我不要再將小俊送過去。當小俊第三次被補習班開除時，我感到非常抱歉，不得不去補習班一探究竟。

「查爾斯老師回家以後，哭著說他很難過。」負責人說查爾斯是小俊的英語老師，也是我朋友的先生，是一名外國人。小俊一進到教室，小朋友們就想跟小俊一起玩，學習氣氛變得一團混亂，再加上小俊的頑皮搗蛋更助長了這種氣氛，使得查爾斯上不了課，不知道該怎麼辦才好，困擾到甚至流下了眼淚，聽到簡直讓人哭笑不得。

這種情況下，在小俊即將升國中之際，我不得不開始隱隱擔憂起來，於是再次把小俊送到了補習班。雖然我將孩子送去補數學和英語，但是才去不到一個月，小俊就對我仔細說明，他不該上補習班的理由。

「媽媽，補習班一個月的學費到底是多少？你能不能直接把那筆錢交給我？我會用那筆錢去賺錢，讓它變成更大的一筆錢。繼續去補習班的話，就是在浪費金錢跟時間。我會利用這段時間賣掉更多的豬肉、拍攝影片，進行自我能力提升。」

把這樣的孩子強行送到補習班，看起來只是在浪費金錢與時間。無可奈何之下，我聯繫補習班，決定讓孩子先休息一段時間。

離開補習班後走出自己的路

在補習班因表現散漫而被趕出來的小俊，在電視臺卻受到很多人的稱讚。在老師們眼中調皮搗蛋的玩笑，在電視臺製作人們眼中卻是充滿創意的才能。像這樣**因為環境不同，孩子的缺點可能會成為驚豔眾人的優點**。我認為應該要改變現在的教育方式，把孩子們關在四四方方的學校與教室內，就像用強力膠固定住一樣，逼迫他們坐在書桌前，以文字與數字為學習重點。

進入十四歲青春期的小俊，幾天前緊緊握住我的手這樣說：「**媽媽，我最近真的很幸福，也謝謝媽媽相信我**。」

這孩子最近無論是在學校還是在家都過得很開心。完全沒有接受課外輔導的小俊，一整天都是被自己想做的事情填滿，對於這樣的生活相當滿意。

學校的課程進度會在課堂上集中精力完成，休息時間、午餐時間或是放學以後，會愉快地跟朋友們沉迷在新的興趣中——打籃球。此外，因為小俊擔任班長，所以會認真幫助老師引導班級氛圍。

從學校回到家後，便享受一個人自由的時間，聽聽平時喜歡的音樂，料理美味的食物來吃，或躺在床上看看書。進入 Smart Store 賣家頁面檢查豬肉的銷售量，撰寫訂購單的同時也研究新產品或新的銷售方法。一邊觀看其他人的影片，一邊構思「小俊人」和「權俊TV」的新企畫，尋找相關資料製作腳本，最後進入 YouTube 影片拍攝和編輯。

接著，從補習班下課回家的朋友會發訊息給小俊，大家約好線上見面一起快樂玩遊戲。因為孩子想要把遊戲玩好，要我幫他請一位職業玩家的私人老師，每週一次線上接受三小時的一對一遊戲輔導。孩子十分喜歡這個安排，能夠請老師親自觀看自己遊戲過程，告訴自己重要的技術，不會吝嗇於分享具有發展性的建議。

各位在閱讀這本書時，看到我連職業玩家老師都請來，應該會有很多父母感到相當驚訝。小俊想要把遊戲玩好，並不是單純為了戰勝對手而已。有一天孩子告訴我，他有了新的夢想。

「媽媽，我想成為職業玩家。」

「是嗎？為什麼？」

「因為我很喜歡玩遊戲嘛。我查了一下，聽說如果成為職業玩家，可以賺到很多錢。」

「是嗎？原來你想要一邊玩自己喜歡的遊戲，一邊賺很多錢啊？真是個好主意。那麼自己直接創作一款遊戲，你覺得怎麼樣？讓全世界那些像你一樣喜歡玩遊戲的小朋友幸福，還可以賺更多的錢。你只要做好一個遊戲，就能獲得了不起的成就，怎麼樣？」

「哦，這個主意更棒耶！那我也想要做做看遊戲，我決定要成為遊戲公司的老闆。」

「很好，非常棒。小俊你考慮得不錯，媽媽會努力為你加油的。有什麼需求隨時告訴媽媽。」

「好，媽媽，那麼請幫我找一個職業玩家的老師吧。我必須要很擅長遊戲，對遊戲有更多的理解，才能製作出好玩的遊戲。」

「好，很不錯的想法。」

就這樣，孩子的想法變得更加有建設性，不但可以玩自己想玩的遊戲，接受私人輔導之後，夢想也會變得更佳茁壯。

我支持孩子一切的夢想。而且實現夢想的方式，會因為夢想不同而有所差異。補習班不能成為孩子們實現所有夢想的途徑。

故事稍微有些離題了，總而言之，十四歲斜槓少年小俊的一日工作內容，雖然看起來很悠閒，但實際上相當充實。只有像小俊一樣，好好利用放學後剩下的時段安排個人自由時間，才能一邊享受、一邊投資股票、經營 YouTube 頻道、營運自己的事業、打工跟玩遊戲。**只要不去補習班，就有時間做這麼多事情**。

1 韓國的私人讀書室。

陪伴人到八十歲的是賺錢的習慣

一定要去上大學嗎？

「你是怎麼想到要給小俊累積這些資歷的呢？是因為這些資料有利於申請哈佛大學或其他常青藤盟校，才制定這些計畫嗎？」對孩子大學升學資訊非常了解的人，經常這樣問我。

不但國內的許多新聞媒體，就連外國媒體路透社及BBC都在報道小俊的驚人經歷，加上其他許多採訪與廣播活動等資料，都可以作為申請大學的資料來使用，這件事真是令我訝異，竟然可以靠這些經歷從濟州島前往哈佛大學。

我想起某個哈佛大學招生負責人說過：**「哈佛大學雖然很重視成績，但更傾向選擇有自己人生故事的學生。」**大家都認為小俊也屬於其中一人，這真是令我非常感謝。

不過重要的是，對小俊來說大學不是最重要的目標。我沒有硬逼小俊做那些常見的課後輔導。即使孩子被趕出補習班，我也不覺得這是什麼大問題，反而對陷入困境的補習班老師感到抱歉。因為我在學生時期也不知道為什麼要念書，時常獨自坐在書桌前不知所措，所以在孩子有學習目標之前，我不想強迫他念書。我認為小俊可能不會上大學。因為**大學只是孩子實現自己夢想而奔走的旅程中，可以選擇的其中一個途徑**。

我從經驗學習到的東西就是，我非常清楚大學學歷並不重要，學歷也只是實現自己夢想的工具之一。我反對無條件認為「只上大學就是正確」的想法，因為夢想才是最重要的事情。對於高中生來說，如果你問他們夢想是什麼，以後想要成為什麼樣的人，這其實是一個失禮的問題。雖然其中包括很多含義，但是現在八成的小孩子說不出自己夢想，這種提問本身就是一種拷問。

由於課業壓迫，子女往往不知道自己的夢想是什麼，上大學也是按照成績分配。成為真正的大學生後，有許多學生因為空虛而休學並繼續對人生感到彷徨。**他們從未找到自己的天賦，也沒有考驗過自己的能力，甚至沒有得到驗證的機會**。年紀稍長時才捫心自問並尋求父母的答案，但是得到的答覆，卻是在網路世界中被視為「父母才能給出」的陳舊思想。是的，我們要承認時代正在發生劇烈變化。

當父母停止汲取新知，父母的知識及經驗就是毒藥

所謂父母有「半個命運論」的說法。不僅是父母的性格、人生觀、對待世界與他人的態度、父母為孩子塑造的環境等，**父母本身就是孩子的成長環境**。因此，父母有必要檢視自己給孩子帶來什麼樣的生活。對於小孩子而言，父母就是人生的前

輩。無論是在知識或經驗上，父母都遙遙領先。但是我們的知識與經驗，對孩子都是有用的嗎？

聽說比爾・蓋茲（Bill Gates）[2]曾極力稱讚「能夠明確理解世界的有用指南」──《真確：扭轉十大直覺偏誤，發現事情比你想的美好》這本書的作者漢斯・羅斯林（Han Rosling）。每次演講前，羅斯林會向聽眾提出十三個問題，這些問題的回答正確率，除了任何人都能答對的第十三題關於地球環境問題之外，平均每個人只會答對兩題，大部分的人有十道題都回答錯誤。聽眾中有知識分子，有具備專門技能的職人，甚至有政治家，但是結果都差不多。

針對貧窮比率、女性與男性的教育期間、自然災害的死亡率、兒童的預防接種率、世界人口的預期壽命與變動趨勢、地球平均氣溫變化等議題所提出的十三個問題中，可以知道我們對全體人類與世界有多少錯誤的認知。羅斯林從人們被知識與經驗所困的局限、現有認知反而成為偏見的地方開始演講。

為什麼我們努力累積下來的知識及經驗，會誕生出偏見呢？羅斯林認為，這是因為我們現有的資訊沒有更新。父母的認知也顯然是有所局限的。

對孩子而言，學理財比課業學習更重要

只有通過書籍才能獲得知識，是較為老舊的想法。我在小俊還很小的時候，就不曾為了讓他多讀書而花費力氣，我現在也不會逼迫他要看書。我認為只要孩子擁有基本閱讀能力，在需要讀書的時候，就可以想讀多少就讀多少。我也不想強迫孩子做一些不必要的讀書或學習。再者，最近我也會利用網路檢索或影片等方式，獲得自己需要的資訊，可見通過網路就可以很輕鬆接觸到專家的專業信息。

在我高中時代，世界上出現「雅虎」。當時我非常吃驚，因為在雅虎上搜索的話，我需要學習和背誦的內容都會跑出來。感覺上，填鴨式背誦教育不再繼續奏效了。如今，比雅虎更厲害的網站提供知識檢索服務。二十年間，我親眼目睹**從學習與背誦獲得的知識，急劇轉變為透過檢索就能取得**的現狀。而且，現在知識檢索對象已經不局限於文字，甚至能擴展到圖片或影片。

聽說未來我們甚至沒有必要花費心力去進行搜索。伊隆・馬斯克創建的創業研

究所「Neuralink」為了與人工智慧競爭，他們打算挑戰連接人腦與電腦，在腦海中置入充滿資訊的電腦晶片，這樣的時代似乎即將開啟。每當覺得英語單字很難背時，我們多麼希望把英語字典當作枕頭躺著入睡，幻想字典裡的東西就會全部進入腦海中。沒想到這個荒唐的妄想，居然有一天可能被科學實現！

當科幻電影成為現實的瞬間，我們真的能夠適應嗎？得益於為了克服新冠肺炎大流行，無論如何都要維持社會生活的努力，第四次產業革命時代正在加速到來。據說在第四次產業革命時代中，**隨著人工智慧的商業化，目前我們所知道的職業版圖也將發生的巨大的變化。那時，我們的孩子們真正需要的東西會是什麼？**

在韓國社會上，根深蒂固的學歷主義仍然在蔓延。但是，學歷並不會為我們的人生負責。實際上，觀察周圍的人就能知道，那些畢業於非常厲害的首爾大學或哈佛大學的人，他們都會獲得成功，成為企業主或百萬富翁嗎？我們都非常清楚，事實並非如此。由於背包的背帶變得太長[3]，只知道學習的人太多了。可為什麼我們還是會因為無法把子女送進大學而感到焦慮呢？為什麼我們仍然要把孩子埋葬在課業學習上？

想在瞬息萬變的世界中生存下去，不光是學習課業中的內容，還需要用其他時間去學習社會生活，也就是如何生存下去。**在我們所處的社會裡，若想要以自己的經濟活動來成為富翁，就必須同時學習如何運用金錢。**

逼迫子女念書也只是為了「生活」？

出生人口減少是全球現象，特別在韓國社會結構圖上，看起來宛如一個懸崖峭壁。因此某個人口研究學者表示，他不會特別讓子女進行課外輔導，因為任何一個人都可以上大學的時代即將來臨。

在這樣的世界裡，**大學畢業證書已經無法受到任何優待**。透過學歷獲得成功的人，也不過是那些大學畢業生中名列前茅的少數人。如此勝率極低的遊戲，有必要讓全體國民投入其中嗎？

但是，所有人都為了讓孩子念大學而投入全家的收入，展開了名為大學考試的戰爭，需要的武器是家族的存款、父母的情報能力。為了在椅子數量早決定好的大風吹遊戲中占據一席之地，**父母只顧著拉著孩子進場，甚至都沒有時間了解孩子是否喜歡學習，有沒有其他優秀的才能**。

根據韓國教育課程評價院公布的資料顯示，二〇二一學年度大學入學考試的應考生約四十九萬人。這是學齡人口急速減少之後，第一次降到四十多萬人。儘管如此，在首都圈首爾的十一所重點大學，總錄取人數到底有多少呢？如果依據考試最低錄取分數計算入學名額，也只有三萬四千多名。其中，重考生所占的比重也不容忽視。

由於學齡人口減少，全國大學的錄取人數比應考生人數還要多。在現實中，因錄取學生人數不足而關門的大學也在逐漸增加。即便如此，要進入父母期盼的首爾「十一大」大學依舊十分困難。不是說進任何大學都無所謂，而是從孩子們的就業情況來看，拿到大學畢業證書以後，就有安穩工作等著自己的世界已經過去了，只要從大學畢業到哪裡都能就業的期待也早已消失。

為了就業，維持學生身分比較有利，因此大學生們在準備就業的期間休學，讓在校時間延長之類的事情已見怪不怪。這是讓孩子從小一直進行課外輔導，將一大部分收入用在孩子身上的父母感到焦慮的事情。何況倘若孩子成功就業的時間較晚，如果不是含著金湯匙出生，要依靠自己的力量致富也越來越困難。不要說致富了，年輕人可能連談戀愛、結婚、撫養小孩的錢都賺不到。

即使成功從大學畢業，如果孩子變成經濟與金融方面的文盲，甚至不具備維持普通生活的力量，那麼這個結果不言而喻。即使如此，為何還有那麼多的父母要繼續進行如此沒有實際意義的投資呢？是不是因為身為父母的我們，對現在與未來的了解太過淺薄了呢？

父母強迫孩子念書，是因為在我們所知道的情況中，只有這樣才能成就最安全、最平凡的「謀生之道」。但要想在這裡安全、平凡地過生活，我們必須回到「金錢是必要物品」的說法，可是直接教導金錢觀念卻被視為一種禁忌，這還真是自相矛盾。

別讓下一代過得比我們更辛苦

小俊曾經參與過韓國《深夜的時事脫口秀 The Live》的錄製，因為那集是兒童節特輯，所以邀請小俊當特別來賓。節目主題是兒童的早期經濟教育，於是以小俊的理財講座形式進行，期間主持人向小俊提問：「在這麼小的年紀，有什麼特別的契機讓你思考錢的問題嗎？」

此時，小俊坦率地回答道：「我只是很喜歡錢。」那時的節目來賓都笑成一團。因為一個十四歲的小孩子，非常純粹地展現出對錢的真心。接著，小俊便講述了自己的金錢哲學。

「我會把自己努力賺來的其中一部分捐款出去。賺錢是屬於我自己一個人的幸福，但是捐贈就是將這個幸福分享給有困難的人，所以世界也會變得溫暖。」

世界上有討厭金錢的人嗎？自稱「金錢至上」且露骨表達自身對金錢欲望的人正在增加當中，但是對於任何人都喜歡的金錢，有人卻不能坦率說出這件事的原因是什麼呢？

有人分析其原因，主張這是因為在韓國社會中，有錢人形象較為負面的關係。因為有很多人會依靠權力、血緣、地緣等關係，通過不正當的優待或逃避法規來累積財富。小時候，家裡的人會這麼說：「學生還是好好念書吧。不要擔心錢的問題。」就是因為大家把金錢的話題視為禁忌。

「江山易改，本性難移」這個俗語套在不同的事情上，也可以衍生出不同的涵義，比如說藉由正當的方法，依靠自己的力量賺取乾淨的錢，這個教育從小就不能忽略。賺錢的習慣也需要以經濟實力來累積，並且會一直持續到老。

聽說，我們的孩子將成為人類歷史上，第一批生活品質比父母還要差的一代。一九八四年以後出生的孩子裡，在生活上過得比父母還要悠閒富裕的比率只有五成。但一九六〇年代以後出生的人其比率為九成，相比之下近年明顯低落許多。

現在的父母不但要賺自己的退休養老金，還得兼顧子女的生活費。以啃老族形式生活的成年子女與年邁父母之間的矛盾，已成為司空見慣的狀況。我們可以經常在新聞中看見，在金融文盲率比我們更高的日本，有的無經濟能力者為了靠父母的退休金生活，故意不去申報已經死亡的父母，寧願與屍體一起生活。

無論子女是否要上大學，都應該懂得為自己的未來與獨立生活賺錢，展望整個人生，描繪宏偉的未來藍圖。對此，**不對孩子們進行理財金錢教育，是非常危險的決定**。

2 美美國企業家，微軟創辦人。

3 韓國俗語。「書包背帶很長」意指很會念書、知識豐富的人。

我們的成功只能達到想像中的程度

學習只是圓夢的方法之一

國中時期的我有嚴重的中二病。我不懂為什麼要去念一些不知道念完用處在哪裡的書。如果寫我一點都不想做的功課，被強制坐在書桌前，我就會想自己為何要出生在這個世界上受苦，甚至有不好的想法。

事實上，我的中二病是有原因的。我在家裡是個變種的怪胎，相比於上了首爾大學或韓國科學技術院的堂兄弟，我除了對念書以外的事情都充滿好奇心，我是那個在家每天被罵的特殊孩子。在這樣的環境裡，像個與眾不同的怪胎生活著，讓我不由自主地感到自卑。當時我把成績不好當作全部，認為自己活在這個世界上沒有用處，回顧學生時期的我，既可悲又可憐。那時我以為被大人們要求念書而反感的學生們，大部分都跟我一樣憂鬱地生活著。

在班上，有一個同學跟我同名同姓。不光是姓名相同，我們連對念書不感興趣、表現普通的部分也很相似，但有一點跟我明顯不同，她的表情總是很開朗。

有一天，這位同學邀請我到她家。打開門走進去是一間又小又破舊的雜貨店，沒多久店內的房間門打開，同學的媽媽走出來。

從那時起，我便感受到了衝擊。

同學的媽媽雖然不是那種精明能幹又有教養的貴婦，但是她一看見我同學，就很熱情地說「我的女兒來了啊！」一邊抱著女兒搓揉臉頰，一副非常歡迎她回家的模樣。明明兩人早上才見過面，分開沒幾個小時而已。

同學介紹我是同名同姓的朋友以後，同學的媽媽緊緊抓住我的手。她大聲地笑著歡迎我：「哦，你們名字一樣啊？」

雖然家裡整理得也不好，店鋪後面的房間空間很小，但整個家中充滿笑聲與溫馨。同學喋喋不休講述在學校發生的事情，她的媽媽一邊鼓掌一邊聆聽，還熱情回話：「哎呀，我的寶貝女兒做了那樣的事啊？」好像這是多麼有趣的事情。但是在我看來，這些只是學校裡經常發生的事情而已。

既不是成績多好的人，也不是有錢人家的女兒，這位同學在容易走偏的青春期裡也一直保持開朗的表情，**這都是多虧了她的媽媽總是表達出溫暖的愛。在十五歲的我眼中，她是這個世界上最幸福的人。**

我的父母其實也很愛我。樂天派的爸爸總是很溫和，而媽媽對子女的愛很極端，為了子女好可以犧牲自己。不過，對念書毫無興趣的我，要在這樣崇拜學歷的家庭中生活並不簡單。不對，是非常艱辛。

事實上，並不是所有的孩子都能成為學霸，也沒有必要非得獲得好成績。我下定決心，假如以後長大生了小孩的話，在盲目強迫自己的孩子念書之前，要先成為幫孩子尋找夢想與動機的父母。當然也包括為了達成夢想，必須具備的學習動機。想像著未來帥氣的自己，努力尋找成為這種人的道路，這對我而言比學習更加重要。想踏上這條路除了學習之外，還有很多方法。反過來說，學習也許只是其中一條成功的路徑。

讓我決定成為企業家的理由

老實說，我是個非常普通的學生，而且不太喜歡念書學習。看著黑板前努力教書認真上課的老師，我的腦海卻想像著其他事情。

「聽說老師的小孩好像生病了，那孩子還好嗎？老師今天為什麼要穿那種衣服呢？」

在世界史的課程中，我們按照老師的要求，在重要的歷史事件上劃線背誦，但我經常陷入想像之中。

「生活在這種時代的人，應該很辛苦吧？」

我會用各式各樣的想像來抒發自己的思緒，而實際的學習總是被我拋在腦後。

小學五年級的時後，我第一次見到了叔叔與堂兄弟。那時還未搭過飛機的我，對於叔叔是航空公司機長一事相當驚訝，與我同歲的堂兄弟問我。

「你們家也有冰箱嗎？」

「我們家有冰箱啊，怎麼了？」

「哎呀，原來你們家有啊！我還以為濟州島都沒有冰箱呢！」

我甚至不覺得這是一句會傷害自尊心的話，只是對這個初次見面的首爾小孩感到新鮮。

「我們家還有鋼琴，我會彈爵士樂曲。」

看著滔滔不絕的堂兄弟，我不禁思考原來首爾話的語尾可以說得那麼好聽，有一段時間裡，我一直模仿這個語氣說話。

看到連首爾都沒去過的我，興許是覺得有些同情，所以叔叔邀請我去他們家玩。我獨自搭乘飛機到叔叔家，就在首爾的大型娛樂設施樂天世界附近。

一大早就到達樂天世界的我，受到了很大的衝擊。因為在樂天世界的入口處，我第一次親眼看到童話公主們才能居住的城堡。這種城堡竟然真的存在，我驚訝地張著嘴巴抬頭望去。

從那以後，白色城堡成為我的夢想。我在腦海裡想像過自己想要居住的城堡，如果想要住在這樣的城堡裡，只要跟住在裡面的某位歐洲王子結婚就可以了。我不禁在心中想像著自己嫁給王子的未來。

話說回來，想要嫁給王子必須先前往歐洲才行，但是我根本沒辦法去啊。後來，高中一年級的時候，我的好朋友在放假時去歐洲旅行一趟。

「你去看了城堡啊！真好，我也很想去。」

我打從心底羨慕她。自從那次之後，我開始仔細觀察那個朋友。彷彿如果我找到她與眾不同的關鍵，自己也能找到前往歐洲的方法。

那位朋友跟我到底有什麼不同呢？我們在同一所學校上學，在同一間教室上課，穿著同樣一套制服，就連學習成績也差不多，但她為什麼每個假期都可以出國玩，一年四季都可以接觸各式各樣的休閒運動呢？

原來，是因為朋友家裡很有錢。從那時起，我開始擴大研究對象的範圍，觀察起有錢人。即便穿著同樣的校服，奇怪的是有錢人家的孩子總是有哪裡不同。我默默地觀察有錢人家的朋友們，他們離開學校以後，會帶著什麼樣的想法，過著什麼樣的生活，從父母那裡得到什麼樣的教導，包括語氣、興趣、家裡的室內裝潢、喜歡的食物、期望的職業等等。

結果，我第一個發現的差異是父母職業不同。他們大部分父母都是企業家或專家。因此，我決定長大後要開始創業，要成為化妝品公司的老闆，賺到很多很多錢之後，飛去歐洲尋找王子，或者自己建一座城堡，總之我想像自己會住在城堡裡。就像十二歲時的我，在樂天世界看到的白色城堡一樣。

成功必須靠自己

小俊對既是媽媽又是企業家的我，也經常產生一些誤會，以為我是繼承家族的企業，所以一直很輕鬆、很容易地經營著公司。幸虧我曾經從事過廣播工作，累積不少人脈獲益匪淺。同樣的，也因此有人懷疑我的人生是不是一帆風順。

雖然我無法將我有多麼迫切地投入到事業中，以及到目前為止是如何克服的細節一一闡述，但是我想說的是，我每天都像是站在懸崖邊上的心情生活，直到現在也是如此。

二十三歲的我與二十七歲的丈夫開始新婚生活時，我其實一無所有。因為當時年紀太小，對一切都感到很混亂，我們沒有做好任何準備就出發了。我親身體驗到只靠愛情組建家庭，是一件十分困難的事情。

我們雙方父母如此說道：「既然結婚了，就靠你們自己的力量生活吧！」

我們新婚房屋是位於濟州市區的一間公寓套房。我相信自己在濟州兩年半的廣播經歷，決定先獨自北漂到首爾工作。當時沒有什麼存款，所以急著找工作，二十三歲的我所熟知的技術只有一個，那就是現場直播。於是我再次挑戰在電視臺尋找工作，幸好我通過一連串的考試流程，終於走到與老闆面試的最後階段。但是，在面試中卻出現了一場混亂。老闆知道我已婚便決定不錄用我，我在回家的路上嚎啕大哭，沒想到因為已婚的身分，似乎讓夢想離我越來越遠。

但是，跟人有關的事情都是未知的。**即使挑戰一次不行，也不要輕易放棄**，我持續培養自己的能力，重新挑戰的理由就是這個。如果我的力量足夠強大，門最終會開啟。我再次報考濟州島與首爾的電視臺工作，最終得到錄取資格。

一個對自己狠毒的工作狂

幸運的是，那時電視臺的申請履歷表上，沒有詢問結婚與否和學歷的欄位。最終我通過面試，成為首爾交通廣播局的氣象播報員，成功前進到夢寐以求的首爾。

雖然我從未上過廣播學院，但至少在實戰中培養自己實力。光是測試的考試一個月內就進行五次，結果我全部通過了。因為電視臺不問是否已婚，所以我也沒有特別告訴大家自己已經結婚了。

最後，我也通過美容節目的廣播人員考試，完成高中時期的夢想，一切就像做夢一樣。那兩年我真的很努力工作，甚至擔任演藝節目的主持人，還拍了許多大型廣告。每當有空閒的時候，我就會穿梭在江南的街道上，參加各種廣告的選拔，因為我是接案的主播才能這樣做。固定由我負責的廣播節目有兩檔，剩下的時間就拿來安排其他工作，我幾乎維持手上至少有五個節目，最多的時候有十個節目。我沒有經紀人，每天凌晨開始做節目，晚上十一點還要參加電視購物的直播。我的正餐是在車上用一條紫菜包飯與香蕉牛奶解決。

就這樣到了二十五歲的時候，我每個月可以賺一千萬到一千五百萬韓元（約新臺幣二十五萬到三十八萬左右）。我總是擔心已婚的事情被傳開，所以無法安心參加所有聚餐，只有幾個親密的朋友才知道這個祕密。

就在節目做得如日中天的時候，我的公公來到了首爾，希望我們夫妻可以回到濟州島。

雖然當時我手上的節目很多，但也意識到自己留在這裡不會有更多的發展性了。哪怕我再嘗試一些新東西後，也感覺身體已經到達極限快要病倒，不允許我繼續下去。最終，我決定把首爾的經歷當作美好的回憶，在得到掌聲後即時離開。

正好，有一間濟州廣播局正在尋找廣播ＤＪ，甄選通過之後，我又回到了我的故鄉——濟州島。因此，我又度過了兩年半的廣播生活，依然是凌晨廣播或晨間廣播。即使我懷了小俊之後，一樣每天凌晨就要起床出門。原本我以為一切都沒問題，但肚子裡的孩子卻不是如此。可能是因為太過勉強自己，我甚至出現妊娠毒血症而住院，一切都非常艱辛。

偏偏我在家也是個閒不下來的人，所以產後兩個月就把不到一百天的小俊交給娘家的媽媽照顧，自己又急忙回到電視臺工作。恰巧隨著卡丁車競技場的開張，自己經營的事業也開始試營運了。一開始，我不但要做晨間廣播，還要到卡丁車競技場上班工作，同時還要照顧孩子，所以很難兼顧所有事情。結果，在小俊出生滿一百天的時候，廣播節目停止播送了。

當時競技場開展的工作很龐大，由於運營資金不足，我們甚至面臨經營危機。可是這是個我曾經夢想過，至今為止從未嘗試過的事業領域，我跳入了需要面對眾多男女老少的旅遊事業。就這樣，我突然成為了老闆。

一天至少嘗試一件新的事物

我二十歲剛開始賺錢的時候，每天一定會達成一個小目標。投身旅遊事業之後，抱著一定要成功的決心，我決定每天都要發展一件新的事物，否則絕不關門下班。

當時，騎馬或玩卡丁車的場所，還是給人一種昏暗、骯髒且雜亂無章的形象。考量到不論男女老少、家人、情侶都會光顧的觀光勝地，我決定擺脫既有刻板印象，改頭換面成全新的旅遊景點。我將原先官網上的真人體驗照片全部拿掉，換成漂亮的手繪插圖，粉紅色的圖畫讓景點看起來充滿夢想與希望。來到濟州島之前，光是看到官方網站就讓人心動。

其實我喜歡粉紅色。我在高中時期曾擔任過環境美化股長，用粉紅色的物品裝飾整間教室，驚動到其他班級的孩子們紛紛擠過來看。這次，我把作為售票口同時也是休息室的空間，全部塗成粉紅色，就這樣咖啡店「粉紅粉紅」開張了。遊客不光是可以乘坐卡丁車，還可以變妝體驗角色扮演。我們在海外購買了扮裝用的服飾，陳列在咖啡廳中免費出租。

在進入休息室後，也設置了商品販售專區。因為有了咖啡廳，顧客自然接受咖啡或飲料的點餐服務，原本沒有使用到的空間還開設「海洋蠟燭」店鋪，方便遊客購買蠟燭。每天賣完咖啡等餐點之後，我會利用剩下的時間去觀察，還有沒有可改造的角落或破舊之處，認真在營業場所各處刷油漆、維修各項設施。我還在空牆上用各種壁畫來裝飾，並在各處設置了拍照區。

像這樣美化過的拍照區，我只用了幾百韓元宣傳這些場所。現代人在旅行中最重要的東西，就是藉由社交網路分享照片，為了跟別人展示自己幸福的模樣拍下照片。我希望大家分享的照片中，能同時拍到我們企業的名字。為了達到這個目的，只要放一個小小的廣告用招牌就足夠了。

來到我們營業場所的旅客，會在拍照區舉著「濟州旅行中」、「城邑樂園旅行中」、「我們全家正在濟州島旅行」的牌子拍照，看到照片的人就會得知拍照場所的位置與商店名稱。這幾個標語是我自己親手做的，根本花不到什麼錢。

成功的小小創意之一：華麗的角色扮演服裝

事業成功的祕訣，在於如何用最小的投資，取得最大的效果。即使不花大錢施工改裝營業場所，也可以用小小的創意讓店鋪創造名氣，使顧客感到愉快。

就在我經營卡丁車競技場後，其他競技場如雨後春筍般大量出現，使得競爭越來越激烈。很多人向我建議，將卡丁車競技場擴大兩倍，或是建造屋頂、整個賽道移到室內，這樣下雨天就不必擔心被雨淋溼的問題，諸如此類沒有考慮過費用的意見層出不窮。

實際計算工程費用後發現，我乾脆把卡丁車競技場關閉還比較好。從那個時候起，我獨自一個人安靜地坐著，默默想了很多改造的點子。後來，我抱著鬱悶的心情和先生一起旅行探索世界，尋找解決問題的靈感和方法。在小俊也一起同行的日本旅行中，我偶然找到了答案。

遊客開著卡丁車在公路上行駛，這個場面讓我受到了前所未有的衝擊。大家穿著遊戲中的角色服裝，坐在車上穿梭於街頭之中。後來我才知道，**光是適合旅客拍照紀念的行銷，就獲得極高的人氣、創造出繁榮的街景**。這裡沒有花大錢建造獨立的卡丁車體驗空間，企業的辦公室也很小，但車子裝上車牌號碼後，就可以讓人們在街上瀟灑前進。他們初期投入的費用也一定比我們少很多，但利潤卻遠遠超過了我們。

我立刻在自己的營業場所中，仿效日本街道上的卡丁車，也把在日本的服飾店買到許多角色扮演的服裝，掛在營業場所中進行宣傳。

卡丁車的規模與設施並不是問題。從時代的潮流來看，問題在於是否能成為社群上打卡拍照的地點。多虧有角色扮演的服裝，競技場所成為濟州旅遊的熱門場所，遊客從著名的電視節目中得知後，紛紛前來拍照打卡。就這樣，**我只多投入了一百五十萬韓元的成本（約新臺幣三萬八千多元）改造的卡丁車競技場，一下躍升為月銷售額超過一億韓元（約新臺幣二百五十萬元）的名勝景點**。也得益於此，讓我這幾年賺了不少錢。對我來說，這筆錢真的是非常寶貴的種子基金，使我能投資房地產進行理財，然後賺得更多。

成功的小小創意之二：八千韓元的恐龍頭手套

有一陣子，我因為ATV越野車體驗區的營業額一直沒有成長，而陷入苦惱之中。每當我覺得鬱悶的時候，都會跟著我先生環遊世界，這次是前往夏威夷旅行。於是，我在那裡發現了解決方法。

每次旅遊前，我都會確認當地的旅遊勝地和熱門景點，其中我最關心的當然是休閒活動體驗場。我在瀏覽夏威夷某個公園的遊樂場照片時，有一張畫面一下子映入眼簾。那個創意非常新鮮，我立刻搜尋了購物中心，訂購單價八千韓元（約新臺幣兩百元）的商品。

照片是人類被恐龍活捉吃掉之前，拚命逃跑的樣子。後來我才知道，這只是利用恐龍手套拍出的錯位照片而已。

於是，我用恐龍頭手套向職員們說明這套方法。正如我所想的那樣，大家的反應非常熱烈。乘坐ATV越野車在綠色草原上奔馳時，意外遇到巨大的恐龍，這是一個非常戲劇性的場面，光看這些照片就覺得很有意思。

也許是因為利用視覺錯位拍攝的照片，真的很有意思，許多電視節目也前來進行拍攝。被視為夕陽事業的ATV越野車，許多營業場早就廢止停業，但我們僅僅花八千韓元購買道具，業績就明顯提升許多。

成功的小小創意之三：世界首次抓蒼蠅體驗

由於飼養馬匹的緣故，園區裡總是有很多蒼蠅出沒，怎麼抓都抓不完。夏天時咖啡廳會販售刨冰，但蒼蠅在咖啡廳內到處飛，不僅看起來不衛生，就連吃個零食也讓人倍感麻煩。

為了解決這個問題，我真的嘗試很多方法。闢如每當有人開門時，為了防止蒼蠅飛進來，我會用橡皮筋綁住出入口的兩側，使門自動關閉，或是掛上厚重的塑膠門簾，讓顧客拉開門簾進來。就連天花板上也到處掛著趕蒼蠅的工具，掛滿捕蠅罐或令蒼蠅頭暈目眩的反光盤。

但是，因為整體實在不美觀，我決定改成會自動開關的磁鐵防蟲網，還加裝了害蟲撲滅器來噴殺蟲劑，又花了很多錢在自動門上安裝空氣門，然而最終都宣告失敗。我的天啊！蒼蠅究竟變得多聰明，現在是不是一直在門外伺機而動，等到門打開、人進來後，就會跟人群一起進來呢？我對此感到絕望。

因此每當到了夏天，婆婆因為非常關心這問題，就常駐在咖啡廳裡，而無法安心賣刨冰的我，變成一有時間就用蒼蠅拍抓蒼蠅。我坐在咖啡廳裡無奈盯著那些歡樂飛進來的蒼蠅，腦海中閃過某種想法。就是這個，蒼蠅拍！

第二天早上，我去超市買了十個紅色的蒼蠅拍，然後將東西插在營業場所中的雨傘架上，用極大的字寫著：「世界首次！宇宙首次！免費抓蒼蠅體驗！努力抓到越多蒼蠅的人，就贈送一杯冰茶。」

這個活動反應非常熱烈。咖啡店的顧客爭先恐後地幫忙抓蒼蠅。重新開始刨冰之後，參與活動的人會一邊吃刨冰、一邊抓著蒼蠅拍，揮開想要靠近刨冰的蒼蠅，就連小孩子們也都興奮不已。因為大部分的遊客都是從城市來的，所以大家第一次看到這麼大隻的蒼蠅，開心體驗了捕蒼蠅的經驗。我也非常高興，懷抱喜悅的心情送上了好喝的冰茶。

現在，捕蒼蠅的體驗活動已經結束許久。理由十分神奇，不知道是不是蒼蠅之間流傳我們的咖啡廳是個可怕的地方，以至於牠們就像逃難一樣全部消失了。

這個創意活動被選為TRIZ技術（創意問題解決理論）的適用案例，並且獲得TRIZ專家證書。**不少韓國作家都在自己的著作中，以這個活動作為「不花錢就能解決問題」、「用創意解決問題」的真實事例**。

沒有比沒錢老闆更緊張的人

我認為一家店生意不好，都是老闆的責任，因此我經常穿著工作服上班，鞋子也穿運動鞋。因為只有這個裝扮，我才方便拿著捲尺、便條紙、筆等物品穿梭在營業場所中，一旦出現錯誤或任何狀況時，可以立刻進入現場排除障礙。

我們的工作場所中，主要以室外為主，加上飼養動物的原因，所以要時刻可以迅速行動。我經營公司的基本原則就是，發生任何事不會只交代給職員處理，老闆本人也要親自在現場尋找問題並加以解決。我穿著工作服到處視察，也會觀察現場的顧客。在確認遊客的移動路線時，如果發現有不方便的情況，就會立刻施工解決，主動改善容易造成顧客不滿意的地方。

如果顧客經常詢問「洗手間在哪裡？」我就會把洗手間的標誌牌，製作成更顯眼的尺寸重貼上去；如果接到「下雨天也能體驗嗎？」的詢問電話，我就會馬上準備雨衣；發現顧客帶嬰兒或兒童用餐，就會準備育嬰臺或兒童用座椅；避免顧客因等待時間過長感到無聊，我會把各處布置成拍照區或擺放鏡子，陳列有趣的角色扮演道具，提供額外的娛樂服務。

做生意的人必須對世界的潮流趨勢很敏感。我們的競爭對手並不是其他家的騎馬場、卡丁車競技場或ＡＴＶ越野車體驗場，而是遊客是否會將我們營業的遊樂園，排進他們的旅遊行程之中。因此不光是濟州島的其他營業場所，就連那些美麗的自然景觀，也都是我們的競爭對手。

因此我上班時常會繞遠路，沿著我平時不常走的路線走走看看。如果在這條路上有人氣很高的咖啡廳，我就會走進去靜靜傾聽裡面的人正在聊什麼，觀察動向，站在他們的立場，想像對方的心情。為什麼店家選擇在這裡開咖啡廳呢？顧客是本地人還是遊客居多？大家是用什麼管道知道這裡的？

接著我會去確認 Instagram 上的文章，或是部落格上的介紹，觀察人們喜歡的元素是什麼。是因為外頭風景很美，或者喜歡吃烤棉花糖，還是其他原因，儘量找出人們喜歡的亮點並加以學習。

如果很多人都上傳了特定場所的照片，我也會去那個地方拍照，深度了解為什麼大家會選擇這個構圖，想要用照片傳達什麼。如果一家店室外的人潮比室內多，我也會到室外的座位坐坐。只要是人潮所及之處，我都會跟著探尋各個角落。為此，我甚至還測量過室內的桌子高度與室外柵欄的高度。

現在回想起來，我成長的最大原動力就是沒錢。因為那時的我沒有錢，所以我

不斷研究，嘗試並發展怎麼用最少的錢獲取最大的成果。我也非常感謝在我感到疲憊的時候，在遠處默默支持我的父母。因為他們相信我、願意放手讓我嘗試，我才能夠成長到這個程度。**每當我用自己的雙手取得成果時，都會感受到巨大的成就感及無比的幸福**。

父母出手幫忙解決問題，對孩子是有害的事情。因為，這會導致孩子熱情生活的意志被剝奪，同時也抹殺他們通過自己的努力，獲得成就感的機會。

我從小就對小俊強調「飢餓精神」。此外，我一直努力替孩子創造適當的機會，讓他們感受到通過自己的努力取得成果的喜悅。必須要有些不足與欠缺，人才會變得迫切。

有動機，學習就能水到渠成

只學習自己需要的東西

長期以來，我一直做著自己喜歡的事業，雖然這段時間也發生過很多問題，但疫情爆發這種情況，還是此生第一次。

經歷這場變動後，雖然可能為時已晚，但我認為從現在開始，我們應該要成為數位遊民和斜槓一族。我也建議小俊，要順應完全不同的世界，就要關注各種趨勢並預先做好準備。今後，未來世代的事業不會在現實世界中發展，而是在線上虛擬世界中發光發亮。**創業也不見得要招募員工，只要找到能夠在各自專案項目上做好的人，一起合作工作就可以了**。畢竟，只要有智慧型手機，幾乎沒有辦不到的事情，不是嗎？

「小俊，現在你要親眼見證並感受這個現實。這是比任何世界金融危機都還要嚴重的情況，只要你還活著就絕對不能忘記這個時期。你要知道隨時都有可能面臨各式各樣的危機，所以要時刻開啟所有的可能性，多方面準備應變，才能生存到最後。知道了吧？」

興趣分明的小俊擁有一個完整體現自己個性的書架。小俊特別喜歡偉人傳記，尤其是經濟上有所成就的名人，書架上的書也多以這類人物為主，他總是一讀再讀，讀了好幾遍。此外，和股票或經濟歷史相關的書籍也頗多。

起初投資股票的時候，小俊沒有看書也沒有看新聞。當股票剛開始賺錢時，他只是高興得手舞足蹈，直到收益到達五百萬韓元時（接近新臺幣十三萬元），他才真正開始從網路影片中學習「股票是什麼？」產生更深入的好奇心。

從那時起，小俊主動學習自己感興趣的領域。先後學習了V型反轉、分批買進、分散投資、上升趨勢、牛市、黑天鵝等股票關鍵詞。所以小俊在接受採訪時，能夠自由使用這些專業術語。除了網路影片之外，他也會看書或找相關的電影《錢力遊戲》和《分秒幣爭》來看。

有一天，我帶小俊去買衣服的時候，服飾店老闆認出了小俊，於是便問了關於股票的問題。

「對於〇〇汽車，你有什麼看法？」

「沒有人知道股票的未來走勢，就連明天的股市也無法預測。請您不要讓別人來推薦，自己做功課後再謹慎投資吧。」小俊回答。

事實上，當小俊聽到兒童或十幾歲的青少年，缺乏思慮就開設證券戶頭的事情後，就想著如果有機會上電視節目時，一定要告訴大家自己是在股價很低的時候買入，所以才很容易獲得收益。與此同時，小俊也體認到有必要正式學習股票相關知識了。

十幾歲的青少年，透過股票投資獲得最大好處就在這裡。因為是拿自己的零用錢去投資，自然會對相關的學習產生動力。從那時起，**小俊不光是關心一開始最重**

視的股票，也開始著眼於經濟，進而對世界的動向保持高度的敏銳。

建立一套讓自己產生動力的方法

在照顧小俊的過程中，最讓我感到辛苦的一點，就是他一刻都無法安靜下來。小俊小時候就喜歡喃喃哼著歌，身體跟著節拍不停跳舞，走路的時候也是蹦蹦跳跳。他的屁股明明看起來很沉重，卻無法長時間坐在同一個位置上，這點也讓我感到十分神奇，難怪小俊會被懷疑有ADHD。他本來就喜歡動來動去，所以比起文字量很多、看完一頁要花很多時間的文字書，小俊自然是更加喜歡翻頁快速、充滿圖片的漫畫書。

雖然大家都說，讓孩子養成良好的閱讀習慣非常重要，但我認為這點應該要依據子女的氣質與傾向因材施教，再加上近來傳達知識或資訊的媒體變得十分多樣。

前面也提過，因為我小時候也不愛讀書，所以不會強迫孩子從小就一定要多讀書。不管是什麼東西，只要他本人有需要，就會自己去尋找答案。

我有屬於自己的方法，可以快速實現自己的目標。這是一個讓自己產生動力的方法，我也將這個祕訣告訴孩子，小俊在很小的時候，就利用這種方法取得了大大小小的成果。

舉例來說，如果想在短時間內讀很多本書，就先設定以下的大目標，同時規定完成時間。

目標 出版一本書

達成期限 兩年

我每天會在部落格發表一篇文章，而小俊每週寫的影片製作企畫書，我也會把這些內容蒐集起來，立志在兩年內寫好一本書，成為一個出書作者。這些行動讓自己產生了實實在在的動力，如果還要將寫作內容更加具體化，包含更專業的內容，就會閱讀相關書籍，讓這些取得的知識成為想法的肥料。達成目標的期限也必須確定下來，否則很容易變成三天打魚，兩天晒網。

成為出書作者後，我將會以相關的主題進行各種活動，多和其他作者建立交情多多交流。使我對不同領域產生關心與興趣，帶領自己前往更廣闊的書本世界。

就像這樣，沒有什麼方法比立志寫書的目標更能激勵我，讓我勤奮讀書學習。在這個過程中，逐漸累積的龐大知識則是附加價值。

找到適合自己的路，才能就會浮現

陪小俊拍攝許多網路影片、節目與廣告，我才發現他的許多新才能。除了在錄製節目時小俊的專注力會提高之外，還有出色的才氣與爆發力。同時，他可以在不脫離主題的前提下，好好表達出自己想說的話。

孩子經營 YouTube 頻道的好處之一，就是可以練習寫作。親自撰寫及修改內容稿件，寫作與說話實力也會跟著變強，培養出出色表達力和具有說服力的演講力。特別是經營 YouTube 頻道讓小俊有了明顯的成長。

因為小俊做自己想做的事情，所以自然而然展現從未見過的專注力。不僅長時間坐在書桌前撰寫企畫草稿，拍攝時如果發現發音不準確或有錯誤的部分，就會重錄直到正確為止。看到以前無法安靜坐著的孩子，居然將屁股貼在椅子上，連續拍攝四個小時的模樣，我想這就是孩子的能力所在。只要做了適合自己的事情，似乎就會自動具備所需的才能。

讓孩子自主學習

小俊在十歲的時候，喜歡玩智慧型手機遊戲。連遊戲道具都想花錢購買，甚至為此焦慮不已。我為了改變小俊的想法，不動聲色地試探了一下。

「這麼有趣的遊戲，到底是誰做出來的啊？」

然後，我開始講述遊戲創辦人發明該遊戲的故事，還特地找到那位CEO的照片給他看，鼓勵小俊：「你也可以製作喜歡的遊戲。」

接著，我們親自拜訪了實際製作遊戲的人，我的表哥正是著名遊戲公司的創始成員。小俊直接了解遊戲公司是如何創立、遊戲是怎麼被創造出來，以及企業是如何運營等等。小俊完全沉浸其中、不斷向他們提問。

「要怎麼做，才能製作一款遊戲呢？」

「要想製作遊戲的話，基本條件是數學能力要夠好，因為所有物體的動作，都是以計算角度構成。想跟海外企業合作，英語也是必備的能力。」

孩子點了點頭，爽快回答「是！」接著又好奇地開口問：「叔叔你跟代表是哪所學校畢業的呀？」

「我們是〇〇大學畢業的學長學弟，也是在大學時期創業的。」

「哇！那我也去〇〇大學念書好了！」

據說這間遊戲公司的ＣＥＯ經營各式各樣的企業，因此創造了鉅額的資產。我開車載著孩子拜訪那間遊戲公司的大樓，親眼見識一下。我興奮地讓小俊想像未來自己成功的樣子。

「小俊，你想像一下。你是製作出一款新遊戲，讓公司大獲成功的帥氣ＣＥＯ。不要只是單純玩遊戲。你要邊想邊玩，思考怎麼製作出如此有趣的遊戲。在玩遊戲的過程中，全心投入到遊戲裡，用全身去感受它的樂趣並分析原因。想買遊戲道具的時候，也要思考購買的原因到底是什麼，因為這些就是遊戲公司賺錢的核心價值。」

我傾注心力讓孩子相信，自己有一天也能成為大人物。

「小俊，現在你是個喜歡玩手機遊戲的平凡少年，但以後你也能製作大家喜歡玩的遊戲，為這世界上無數人群帶來幸福與快樂。還有，不要忘記我們身邊有這麼成功的人。你想想看，小俊，世界級遊戲公司老闆權俊，這實在太酷了。」

「好，我要成為遊戲公司的老闆。」孩子的眼睛閃閃發光。

小俊就這樣找到了學習數學與英語的必要性。父母面對孩子的學習不用太著急，只要子女有想要實現的夢想，他們就會根據自己需求學習必要的能力。**父母只要幫孩子製造契機，讓他們產生夢想就可以了**。

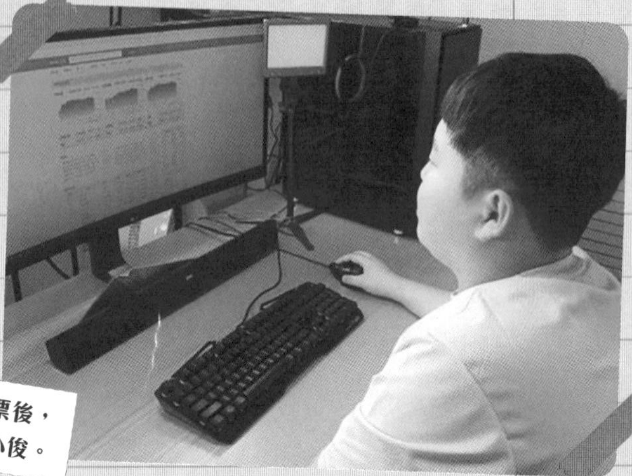

用自己的存款投資股票後，
主動學習金融知識的小俊。

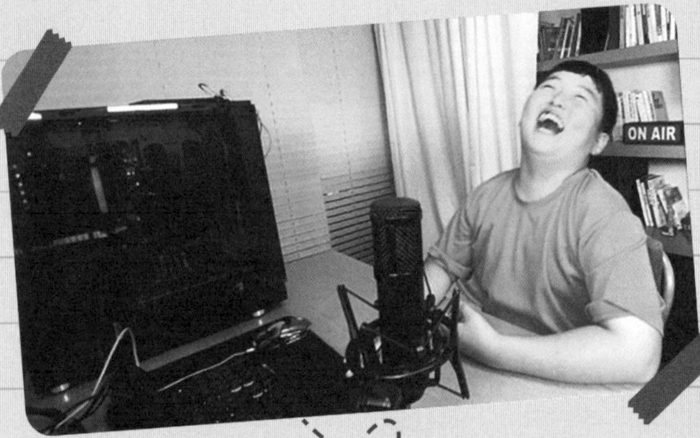

放學後做自己想做的事情培養
夢想，也能享受自由的時光。

利用恐龍頭手套創造出遇見恐龍的場面。

穿上角色扮演服裝，為卡丁車競技場注入全新的生氣。

第六章

持續成長的父母，
才養出青出於藍的孩子

為了孩子的未來一起學習吧！

勇於邁向新世界

我們都不知道未來會發生什麼事情，世界又會產生怎樣的變化，所以我每天都在學習。化妝的時候、洗碗的時候、開車的時候，我都會播放新聞或新聞相關的影片。**如果經常聽到某個新的關鍵詞，就去學習那個詞彙並分享給小俊**。

「利率上升導致股價下跌，你怎麼看這件事？」

這是一種交流模式。利用跟孩子一起搭車的途中，或是一起吃蘋果的零碎時間聊天，即使是稍微沉重的話題，也可以用愉快的對話輕鬆溝通。「小俊哇嗚店」也是經由這樣的對話出現的想法。

近來，每則新聞都在討論「元宇宙」，表示元宇宙時代即將到來。「元宇宙」是象徵「虛擬、超越」的「Meta」，以及「宇宙」的英文「Universe」這兩個單字的合成詞，代表比以往虛擬世界更加進步的三維虛擬世界。我想跟小俊討論看看這件事。

「媽媽看了一個非常有趣的影片。」

「是什麼影片啊？」

「是一個關於元宇宙的影片，你有聽過這個東西嗎？」

「沒有。」

「據說已經有人開始用這個賺錢了。你要不要也跟著試試看？我們一起搭上元宇宙去吧！」

我用這種方式引導小俊注意力。他聽完問我：「啊！是嗎？元宇宙是什麼？」對話題表現出興趣，我便告訴他那支影片的內容。

「世界正在變化中。你可以建立一個這樣的元宇宙世界，或者你喜歡玩遊戲也玩得還不錯，利用元宇宙這個虛擬網路為基礎，直接創造一個虛擬遊戲來賣，你覺得怎麼樣？」

有任何新的資訊，我都會與孩子共享，用有趣的方式引起他們的注意力。當天小俊就進到「ROBLOX」[1]利用製作遊戲工具，一直做到深夜終於完成一款遊戲。雖然還沒辦法完全按照自己的想法創造，但是**他可以勇敢地開始一件陌生事物，這本身就非常有意義**。我還拍攝了孩子製作遊戲的過程，記錄了下來。

父母要主動學習新事物

若父母不去了解新事物，就不能為孩子帶來智力上的刺激。雖然我們現在以實體事業為中心，但是在不久的將來，也有可能在元宇宙中運營「城邑樂園」也說不定。因為無法只靠實體事業支撐經濟的艱難時代已經到來，這就是現實。

我認為小俊這一代，從事符合新時代的新型事業才是正確的選擇。我們應該選擇一些不必投入大量資本，就可以與網路世界接軌的事業。在元宇宙裡，小俊可以賣物品、演講或唱歌。如果我們的休閒體驗場在元宇宙開張，就不再是只能騎馬、體驗卡丁車或越野車的地方，而是可以享受世界上所有休閒娛樂的場所，其中也包括演講與演唱會。

元宇宙的優點是，能讓全世界的人聚集在一起。因此，元宇宙只會繼續無限擴張，顧客的範圍也與既有的次元有所不同。**父母不應該拘泥於自己有限的視線，害怕或懷疑新的事物，而是要嘗試踏進這個全新的世界**。只有這樣，才能不被新時代拋在身後，成功引導孩子前往未來。至少，如果眼前出現一個新的關鍵詞，父母要去認識那個詞彙是什麼，掌握今後孩子即將生活的時代。

現在是可以透過許多簡單且多元化的方式，獲得自己所需資訊的世界。雖然有人只想在網路上看影片、獲得快樂，但是從網路中獲取專業知識的人也很多。元宇宙、貨幣價值下降、房地產、股票、基礎貨幣、去中心化金融、加密貨幣等，所有的經濟學者、金融專家都在預告，全球即將發生全新的革命，如果你不願意學習只想要靜靜地生活，那麼我警告你，以後就只能等著哭了。

對世界的動向與經濟漠不關心，被填鴨式教育的孩子們，在急劇變化的世界裡又會變成什麼樣呢？為了與生活在截然不同世界裡的孩子們，父母應該優先學習嶄新的未來事物，跟子女們一起討論、一同準備面對未知的未來。

打造孩子未來的「一天一實踐法則」

二十歲以後，我人生大部分的目標都實現了。當中**幫助我達成目標的祕訣，那就是「一天一實踐法則」**。這個方法從我二十歲執行到現在，對我的生活產生十足有用的效果，甚至可以說是成功的魔法。

1 想像未來成功的自己。
2 具體想像自己獲得成功後，所處的位置及圍繞自己的環境（光是想像就忍不住嘴角上揚、自己優秀的模樣讓人興奮不已）。
3 為了成就未來的自己，每天堅持實踐一件事情。
4 久而久之，就會發生宛如魔法般的奇蹟。
5 每天累積小小的成就感，面對困難的事情也毫不畏懼挑戰。
6 聚集巨大的成就感，將「現在的我」與想像中「未來的我」逐漸調整成一致，那就是成功了！

我把這種魔法也運用到十歲的小俊身上。

1 不論事情大小，每天都要嘗試一件能夠推動發展的事情。
2 每天結束之前，兩人面對面坐在餐桌前，互相分享自己今天嘗試了什麼，得到了什麼結果，互相稱讚鼓勵。

對小俊來說，他也習慣使用這種方法，因而造就他今天的成就。例如，在迷你玩具車銷售不佳時，不論是改變陳列位置、舉辦製作迷你玩具車的體驗區、建設競技場等等，這些小俊想到的小小點子，在逐一嘗試後，最終總是能取得成功，**這都是得益於養成「一天一實踐法則」的習慣**。至今為止，這個法則讓小俊努力執行的一切都成為可能，我確信未來也將是如此。

重要的是，每天都要實踐這個法則。不過，實際執行比想像中要困難許多。如果是被父母強迫，子女可能因為三分鐘熱度而無法堅持，或是提出抗議。所以父母必須一起執行，每天晚上和孩子一起討論，並且稱讚、鼓勵他們當天的嘗試與成果。用這種方式結束一整天的話，就可以延續彼此對於實踐法則的意志。無論是多麼渺小的嘗試，只要每天累積這些挑戰，就能逐漸提升孩子的內功，總有一天會發揮出它的威力。

---

1 一個大型的多人連線遊戲開發網路，允許使用者建立自己的遊戲。

陪著孩子朝夢想前進

比坐在書桌前更好的學習環境

在城邑樂園裡，以家庭為單位的旅客很多，尤其我們是以兒童為主要顧客的事業，小俊會用小孩子的視角，坦率講出我們營業場所的問題，對我起到很大的幫助。譬如，我花了很多心思、非常謹慎地挑選餅乾，並且放到兒童看得見和碰得到的高度，哪怕只是一包餅乾，我也要讓小俊親自伸手試拿看看，確認擺放的位置。還有小孩與大人專用的洗臉臺，以及供水臺高度也會有所不同，我在設計馬園柵欄時，也考慮到了方便兒童餵食動物的高度。

卡丁車競技場也是讓小俊最先試乘，新的ATV越野車體驗場也是小俊參觀後，用兒童的使用心得發表感想，因為孩子會捕捉到大人忽略的事情。在檢查越野車的路線時，小俊反而說了些莫名其妙的話。

「狍子家族出現了，真的好有趣哦。」

果然，孩子感興趣的東西與大人不同。我在越野車路線指南上寫了「狍子家族棲息地」，試圖加入和行車路線相關的內容，讓體驗變得多采多姿。小俊也因為自己的意見可以改善父母的營業場所，感到非常開心。

我前面說過很多次，只要一有時間，我就會帶著小俊去公司，以及我為了工作而去的其他地方。從拜訪客戶開始，我們還會一同前往會計記帳士事務所的辦公室、房地產仲介所、建築師事務所等等。例如我們在看房地產打算簽約時，小俊會參與其中邊看邊聽，我也會詢問他的意見。**整個過程像商業模擬訓練一樣，現場親眼目睹的所見所聞，對孩子來說才是生動的體驗學習**。我也把小俊當作是我的生意夥伴，尊重他的想法和意見。

小俊從小開始，就非常習慣與我分享資訊、交換彼此的意見。我不會因為他年紀還小，就讓孩子坐在一旁，只准他旁觀我做的事情。我會積極地讓子女參與事業的各種臨場狀況，引導他自由發表意見，如果是好的意見，我會立刻給予稱讚及反饋。像這樣**受到尊重的孩子，會覺得自己受到認可，自信心也會增強，故而加強對做生意的興趣，也是可以想見的事情**。

同齡孩子不太了解的金融理財、房地產、稅務等相關事務，小俊已經學習到一定的程度了。父母做生意養育自己，**這一路體驗過來的生活環境，對孩子而言就是活生生的金錢教育**。比起說教一百句話，讓孩子直接臨場體驗參與，在教育上也會發揮巨大的效果。

開拓視野、增廣見聞

我讓孩子學習的方式，就是直接將他們帶去現場。我知道讀書的重要性，正如前面提到過的，我有一套讓孩子找到自己適合讀書的方法，但是只強調念書的重要，光抱著書本的思想過於陳舊。

小俊七歲的時後，喜歡迪士尼的動畫及畫冊。因此我讓小俊閱讀了華特・迪士尼（Walt Disney）的書，讓他了解華特・迪士尼是誰，這人如何用動畫寫下成功的神話。為了讓孩子能夠親自體驗迪士尼，我們一起登上了飛往美國的班機。我們來到迪士尼樂園，從入口處開始，我便逐字逐句朗讀迪士尼的名言給小俊聽，讓人不禁生動地想像這裡建成的每個瞬間。

小俊需要進行金融教育的時候，我也會在辦理銀行業務時帶上他。為了讓他看看除了韓國之外，整個世界經濟是如何發展，在他九歲的時候，我還陪他到號稱「世界經濟之花」的美國紐約華爾街。前往華爾街的前一天，我給他看關於這條街如何成為世界經濟中心的報導，分享了各種照片，讓小俊注意到有這樣的地方。

「小俊，這裡是影響世界經濟的地方。世界上所有的金錢，都是以這裡為中心流動的。雖然有在照片上看過了，但親眼看到感覺更酷吧？」

已經提前了解華爾街是什麼樣的地方，所以小孩子到了現場體會到的感動似乎與眾不同。他特別仔細觀察了各個角落，看向路過的人們，想像那個人是不是像昨天媽媽說的那樣，是能夠推動世界經濟的人之一。

「小俊，你想像一下，在世界經濟中心上你成功的帥氣模樣。你想要做什麼都可以，所以夢想要大一點。」

幾個月前，小俊專心看著貼在冰箱上的照片問道：「媽媽，華爾街的人也認識我嗎？」

「當然！因為路透社報導過你兩次，應該有人知道原來韓國有這樣的孩子！」

小俊看著照片中，站在華爾街紐約證券交易所前九歲的自己，露出了心滿意足的笑容。

此外，有一次小俊讀完《唐吉軻德》沒多久，我們去了西班牙拉曼查的唐吉軻德風車村。雖然有著名的經典故事背書，但可能這裡不是熱門旅遊景點，或是碰巧遇上旅遊淡季，人潮非常稀少冷清，讓人備感可惜。

「這裡人好少，我覺得好難過。這裡明明這麼棒。能不能讓更多人知道這個地方啊？」

我與小俊坐在山坡上的風車陰涼處，一邊觀賞如詩如畫的美麗村莊，一邊討論如何發展這個村莊，兩人認真討論了許久。

在旅行的過程中，可以獲得許多創業想法，是一種很好的學習。為了家庭旅行，我固定存六個月的定存。每當定存到期時，我們就會去世界的某個地方旅行。因為對我來說，走訪全世界本身就是非常重要的出差。

我們一家人曾經只拿著一張地圖，租車遊遍歐洲的小城市。因為走錯路而在小巷子裡穿梭遊蕩。在歐洲熱門觀光景點及小城市旅行，也行經過大大小小的美術館及博物館、充滿氛圍的在地小店、以及吸引目光的當地著名地標等等，拓展了我的眼界與視野。小俊從三歲開始，就是這樣跟著我遊歷全世界，至今為止去過十個國家，而我去過四十個國家。

良師對孩子的影響力

當小孩有了自己的夢想，父母會提供相關的資訊與資源，但其實父母也只能在自己知道的範圍內傳達有限的知識。所以，**我的方法就是牽起孩子的手，直接拜訪該領域成功的專家。如果孩子有什麼好奇的事，也可以直接請教對方。**

各位應該很好奇，我是怎樣找到孩子的指導老師，其實只要積極地找找看就行了。像是參加演講或活動，找一些跟孩子夢想有關的課程來上，也可以透過熟人的介紹見面。只要父母努力尋找，機會很快就會出現。

小俊八歲的時候，迷上了機器人，夢想成為機器人工程師。我們開始聊起如何製造等話題，但其實我不太了解機器人，於是我決定馬上幫小俊尋找專家。偶然的機會，我參加了首爾的某場演講，正好當天的演講者是一名機器人博士。整個聽講的過程充滿愉快氣氛，使我深受感動。當天我就在內心默默決定要讓洪丹尼斯博士，成為小俊的指導老師。

回到濟州島後，我心中懷抱著期待，將洪丹尼斯博士的照片、報道、演講影片等資料拿給小俊看。聽說只要夠懇切，願望就能夠實現。非常神奇的是，這位博士某天受邀到我授課的大學演講，我們終於有機會與對方見面。身為博士的粉絲，小俊當天從學校早退，特地去聽博士演講。

演講結束後，小俊單獨跟博士面對面交流。博士有個年齡跟小俊差不多大的兒子，當他聽到小俊說「想成為博士的弟子」這句話，洪丹尼博士開心且親切的說：「小俊，下次來美國的時候，到我們的機器人研究室玩吧！我帶你參觀研究室，順便去吃我們學校前面的漢堡店。知道了嗎？你一定要來玩。」

小俊非常高興，整個臉都紅透了。小俊想像自己成為博士的弟子，跟著博士一起研究機器人的樣子，感到非常幸福。**孩子的導師或榜樣給予的小小稱讚或建議，都會讓孩子產生很大的動力。**

感謝前輩分享夢想捷徑

小俊的 YouTube 頻道「小俊人」之所以能成功，也得益於前輩們給了許多實際的建議。前面提過，小俊在經營自己 YouTube 頻道上努力了很長一段時間，卻一直沒有起色，我們為了找出問題的原因，決定拜訪經驗豐富的前輩們。

「我的頻道出了什麼問題呢？雖然用最大的努力拍攝影片，但是訂閱者還是沒有增加。我到底該怎麼做呢？」

我們努力徵求建議。前輩們感受到小俊的迫切和煩惱，跟我們分享了影片企畫的力量、概念的重要性、封面縮圖的效果、能夠吸引目光的臺詞和字幕、有用的拍攝技巧等，許多充滿建設性的訣竅。**如果出現不懂的事情，獨自一人面對就很容易放棄。與其這樣，不如想辦法找已經成功的前輩們，模仿他們的成功模式，這就是減少錯誤的最佳辦法。**

想成為諧星的小俊，決定從現在開始準備諧星考試，自己編撰短劇進行了猛烈的練習。看到兒子這副模樣，我總覺得有哪裡不太足夠，打算讓小俊親眼觀賞生動十足的表演現場。於是，我積極打聽有沒有讓孩子在現場旁聽的搞笑節目錄影。無論什麼事情，只要肯努力就會有結果。終於，我們被邀請到節目錄影現場。

小俊立刻向學校呈交體驗學習申請書，然後搭乘飛機前往首爾。到了電視臺，小俊被電視臺的浩大規模嚇了一跳，甚至問道：「我什麼時候還可以再來？」他感到很榮幸，從進入電視臺入口就忙著拍照留念。我們親眼目睹之前在電視上才能看到的舞臺表演，一一分析諧星是如何演戲與行動，小俊也聚精會神、目不轉睛。

「如果我們小俊也在舞臺上的話，一定會做得很好。我們也來努力準備吧！想像一下你站在那個舞臺上的樣子，光是想想就覺得好興奮！你一定可以成為韓國最棒的諧星，媽媽知道你可以的。」

有一天，黑豬肉店的老闆突然聯繫我，要我們晚上七點前往某間餐廳。原來是老闆知道了小俊的夢想，是想成為諧星跟綜藝節目通告藝人，所以特別聯絡知名諧星金炳萬在餐廳見面。老闆為了小俊費盡心思，還向對方介紹了小俊。

「我侄子的夢想是成為諧星，他把我們家的豬肉賣得很好，非常有才能。」

老闆與金炳萬認識很久，關係也十分深厚。當晚，小俊從諧星大前輩那裡得到了許多寶貴的建議。

對於演藝人員來說，人性是最重要的東西。只有了解人類的心理，才能更深入及豐富自己的演技，因此不僅要多參與話劇社團活動，還要學習心理學。如何選擇適合的演藝經紀公司，以及簽署合約時需要注意的事項等，諸如此類實際層面的建議一個接一個。

在說完這些建議之後，他突然對小俊說：「不過，你一定會成功的！」

諧星大前輩的溫暖建議與支持，讓小俊深受感動。

我現在應該要做些什麼呢？

小俊見到指導老師們時，一定會先開口問：「叔叔如果是在我這個年齡，會做什麼？」

諧星大前輩的回答是這樣的。

「如果我在你這個年齡的話，我會努力念書並積極爭取擔任班長跟會長。為了能夠帶領節目的進行，無論你遇到誰，都必須展現出包容所有人的領導能力，這一點非常重要。還有，希望你能繼續做直播或參加話劇的活動，因為搞笑也是演技的一種。」

洪丹尼斯博士對小俊的提問，則表示：「要想成為機器人工程師，數學是不可或缺的學問，從現在開始你必須努力學習數學及英語。」博士也針對留學給予建議。「留學一定要按照自己的意願，自己覺得非去不可時再去才是對的，即使留學的時間晚一點也沒關係。」

有一天，某位偶像歌手到城邑樂園錄影，小俊趁機和對方聊天。

「哥哥，你是怎麼成為偶像的？」

「因為我不是首爾出身，以前常常跑到首爾參加很多甄選才出道的。」

「我在濟州島上也不知道要怎麼準備。」

「那就一直挑戰到入選為止，不要放棄。我想，沒多久我們應該就能在首爾相遇了，我們一定要在首爾電視臺見面，知道嗎？」

兩人握緊雙手，許下約定。

小俊的夢想不斷改變，關心的領域也非常多元化。然而，每當看見這種場面，我就想要為兒子的夢想加油打氣，想找各個領域的前輩請教意見。

因為，**比起獨自一人安靜做夢，只要向世界宣告自己的夢想，就會出現令人感謝的前輩，告訴我們達到夢想的捷徑**。

不要停止做夢與想像

雖然前面也稍微提過，我除了直接把孩子帶到搞笑節目的錄影現場觀摩之外，只要有電視臺的攝影團隊來到城邑樂園時，我也會帶著小俊旁觀。就算只是默默看著拍攝現場，也能熟悉節目的臨場感，這不僅能對小俊產生很大的幫助，最重要的是，我想在小俊面前展現多采豐富的世界。

如果我全心全意地協助拍攝，攝影團隊也會釋出善意，導演們會讓小俊坐在旁邊，跟他說明各種拍攝過程。懷抱夢想的孩子在攝影現場探頭探腦、左顧右盼的模樣也非常可愛。

有一次，城邑樂園被用來拍攝電視劇。由於拍攝過程延宕，我們只能在餐車上吃飯，就連這樣的經歷都讓我們感到新鮮十足。

「竟然有餐車，好有意思啊！哇，飯菜竟然這麼好吃！以後，我們小俊錄影的時候，也會在這樣的餐車上吃飯吧？光是想想就覺得好興奮哦。到那時候，小俊一定要叫媽媽一起來吃飯。」

這個偶然的機會，我們品嘗到餐車上的美食。不光是填飽肚子，更能讓小俊想像自己未來成為演員時吃飯的樣子，將餐車作為生動的想像道具來使用。

那天我們與演員們、電視劇的導演合照過後，小俊說：「媽媽，我也想拍電視劇。」

「好啊！你想做什麼就做吧。那我們進軍好萊塢，怎麼樣？」

我以兒子的夢想經紀人自居，無論孩子做什麼夢，我都會一直在他身邊支持鼓勵他。

等待孩子證明自己

一段「體貼」帶來的痛苦回憶

小俊低年級的時後，因為喜歡逗朋友開心，總是展現出豐富的表演才能，一刻也安靜不下來。導致對小俊個性不熟悉的課外輔導老師，非常擔心建議我們最好去做ADHD檢查，小俊真的是一個誰都無法阻擋的淘氣鬼。但如今，他已經成為國中生，個性變得非常穩重，好像從未經過那個頑皮的階段。

回想起，他小學的畢業典禮結束後，我對走出校門的小俊問道：「你不覺得有點可惜嗎？」

「一點都不會，我想趕快脫離這裡。」

對於個性活潑的小俊來說，小學時期的校園生活也給他留下痛苦回憶。那是很久以前的事情了，但小俊至今難以釋懷，也是我始料未及的事情。我忍不住自責，當時要讓他練習獨立，而我因此只顧著忙自己的事情。

現在，你很難從小俊的口中聽見「體貼」這個詞。因為這和孩子的傷痛有關。小學低年級的時後，導師為了讓同學之間感情變好，於是叫大家幫自己取綽號。綽號應該是隨著相處過程被創造出來才對，但老師卻要孩子們把自己的興趣或專長加在綽號上。例如「我是芭蕾多美」、「我是跆拳小勳」等等，輪到小俊的時候，由於孩子當時沉迷於足球，於是他說：「我是射門小俊。」

用實際行動展現關懷

沒想到，這個綽號立刻引起了非難，因為有其他同學先取了跟足球有關的綽號。因為小俊是使用不同的前綴單字，沒有重疊的問題，所以他覺得沒關係。但是，老師卻果斷拒絕：「小俊，你怎麼這麼不體貼？你要照顧朋友啊！不然你改叫『體貼小俊』好了。」

如果這是出於體貼他人，幫自己取的綽號，小俊也會很開心。但是，其他人都是以自己擅長、或是想做的事情來取綽號，只有小俊是以缺點來取的。

因此，每當小俊聽到自己的綽號，都會想起自己不夠體貼的事情。同學們從那時開始，一整年下來一直稱呼小俊為「體貼小俊」，每次聽到「體貼」這個詞彙的時候，他都會覺得很受傷，最終與朋友發生了衝突。對小俊來說，這是一段非常難熬的時期。

至今回想起當時的場景，小俊的眼角還是會泛起淚光。從此，「體貼」一詞就成為了小俊揮之不去的陰影。

由於疫情造成城邑樂園的遊客減少，有好長一段時間沒有開門營業，事業的經營也出現了很大的問題，然而幸虧如此，小俊才開始經營網路購物中心「小俊哇嗚店」。剛開始沒有多少收益，但就在銷售濟州黑豬肉後，收益逐漸增加，小俊也透過綠色雨傘兒童財團，向濟州島的保育機構捐贈了「愛的豬肉」。

不夠體貼他人的「體貼小俊」，其實是個懂得關懷他人，充滿愛心的好孩子。收到豬肉的保育機構告訴我們：「豬肉很好吃，真的非常感謝你們的捐贈。」聽完，小俊的臉頰浮現喜悅與滿足的笑容。小俊感受到樂捐帶來的喜悅與幸福感，於是也捐出了「小俊人」的頻道收益。**今後他也會利用各種管道賺錢，繼續從事愛心捐贈，這就是小俊用實際行動表現出來的體貼。**

雨後的土地會更加堅固

小俊受邀參與了許多節目。最近，他以青少年代表成員身分，參加了某濟州電視臺的節目，主題是關於溪谷環境淨化的演說。節目內容提到，沒有河水流動的溪谷，也能對淨化自然與人類身心產生極佳的效果。

我認為這次對小俊來說，似乎是一個能夠引起他注重環境議題的契機。只有讓孩子的想法加以拓展，觸及到未來一代還要繼續共存的環境問題上，人類才能在安全的地球上與動植物一起健康地生活。環境運動家格蕾塔·童貝里（Greta Thunberg）不也才十幾歲嗎？

我突然有種感覺，為了幫助小俊成長為具備優秀見識與資質的青年，似乎整個濟州島都對這孩子很感興趣，主動前來幫助他。光是想到這些，心情就非常愉悅，但沒想到小俊當天的發言，讓我一陣酸鼻。那天演講結束時，演講者詢問了代表成員們的感想。

坐在兩個成人之間的小俊說：「我認為人類應該要多體貼大自然。」竟然從小俊嘴裡自然而然地說出「體貼」這個詞。沒想到，他瀟灑地克服了傷痛，已經成長到了這個地步。

在西班牙拉曼查的唐吉訶德風車村。

為了親自感受迪士尼樂園的成功之處，我們前往美國迪士尼樂園出差。

親身體驗 ATV
越野車中。

懷抱成為機器人工程師的
夢想的小俊，與洪丹尼斯
博士見面的合影。

尾聲

注視著第一次踩上衝浪板的孩子

遼闊的濟州海。

人生就像一場穿越無盡茫茫大海的旅途。既然出生在世界上，就必須孑然一身渡過這片海。雖然孤獨又艱辛，但這就是人生。

孩子獨自一人走入海中。我坐在沙灘上，靜靜看著小俊的背影。別人家第一次學衝浪的孩子，父母都會上前幫忙抓住衝浪板往前推，雙方都很努力想讓孩子學好衝浪。

而我，只是在遠處靜靜地望著孩子。看著小俊摔倒站起來，接著再次摔倒。我原本以為，他頂多擺出像在衝浪的姿勢罷了，沒想到經過無數次嘗試的小俊，最後成功衝到浪了。

衝浪結束後，兒子跑到我身邊，撇著嘴劈頭問我：「媽媽為什麼不來幫我？其他人的爸爸媽媽都會幫忙。」

我溫柔地回答他：「因為媽媽知道你一個人也能勇敢完成，你真的很棒。」孩子的臉上綻放出微笑。現在，一個十四歲的孩子正向著夢想乘風破浪。而我會安靜的陪伴他、支持他的夢想。

將孩子培養成理財菁英的「八個家庭金錢觀」

1 和孩子談錢，不要隱瞞家中經濟狀況。

2 讓他們參與家庭經濟活動與日常開銷理財。

3 不給零用錢，而是教育子女自己賺錢。

4 親戚或朋友給孩子的錢，就是他們的錢。

5 用家事打工讓孩子體驗賺到錢。

6 引導他們從消費者轉成生產者角度，思考金錢。

7 無論孩子的投資想法是好是壞，父母要傾聽並給予建議。

8 若創業成本是子女可負擔的範圍，應該積極支持孩子行動。

成功絕非運氣好，透過不同以往的金錢教育方法，幫助孩子實現夢想與成功。

只要有父母的支持，
孩子不管在哪裡都可以帶著滿滿的自信感，
完成驚豔全世界的大事。
我相信孩子能改變並創造美好未來。

family field
親子田 親子田系列 054

哇！小學生就懂理財超棒 der

8 個家庭金錢觀，改變孩子的一生

열네 살 경제 영재를 만든 엄마표 돈 공부의 기적

作　　者	李恩珠（Lee Eun Joo）、權俊（Kwon Joon）
譯　　者	郭宸瑋
責任編輯	王俐雯
封面設計	黃淑雅
內頁排版	連紫吟・曹任華
出版發行	采實文化事業股份有限公司
童書行銷	張惠屏・侯宜廷・林佩琪
業務發行	張世明・林踏欣・林坤蓉・王貞玉
國際版權	鄒欣穎・施維真・王盈潔
印務採購	曾玉霞・謝素琴
會計行政	許俽瑀・李韶婉・張婕莛
法律顧問	第一國際法律事務所　余淑杏律師
電子信箱	acme@acmebook.com.tw
采實官網	www.acmebook.com.tw
采實文化粉絲團	http://www.facebook.com/acmebook
采實童書 FB	https://www.facebook.com/acmestory/
I S B N	978-626-349-111-3
定　　價	380 元
初版一刷	2023 年 01 月
劃撥帳號	50148859
劃撥戶名	采實文化事業股份有限公司
	104 台北市中山區南京東路二段 95 號 9 樓
	電話：(02)2511-9798　傳真：(02)2571-3298

國家圖書館出版品預行編目資料

哇！小學生就懂理財超棒 der:8 個家庭金錢觀，改變孩子的一生／李恩珠、權俊著；郭宸瑋譯 .-- 初版 .-- 臺北市 : 采實文化事業股份有限公司，2023.01
336 面 ; 14.8×21 公分 .--（親子田系列 ; 54）
譯自 : 열네 살 경제 영재를 만든 엄마표 돈 공부의 기적
ISBN 978-626-349-111-3(平裝)

1.CST: 理財 2.CST: 兒童教育
563　111019311

열네 살 경제 영재를 만든 엄마표 돈 공부의 기적
MOMMY'S FINANCIAL HOW-TOS THAT TURNED 14 YEARS OLD INTO AN ECONOMIST